AF403496

LA FAMILLE
DE
JEHANNE DARC
PAR
GABRIEL FERRY
A Mame & Fils
Éditeurs à Tours

COLLECTION FORMAT GRAND IN-8º — 2e SÉRIE

CHAQUE VOLUME EST ORNÉ DE PLUSIEURS GRAVURES

AGNÈS DE LAUVENS, ou Mémoires de sœur Saint-Louis, recueillis et publiés par Louis Veuillot.

À LA FERME DES GRANDES-ROCHES, récit de veillées, par F.-A. Robiachung.

A TRAVERS L'ALGÉRIE, par Le Capitaine.

A TRAVERS MADAGASCAR INSURGÉE, par Léo Dex et M. Dibos.

AU PAYS DES BRIGANDS, par M. l'abbé Henry Calhiat.

CHATELAINES DE ROUSSILLON (LES), par Mme la comtesse de la Rochère.

CORSAIRE MODERNE (UN), par Léo Dex.

DERNIERS AUSTRALIENS (LES), par C. Améro

DERNIER DES MOHICANS (LE), de Fenimore Cooper. Adaptation par A.-J. Hubert.

EN CAPTIVITÉ CHEZ LES PIRATES TONKINOIS, par H. de Mathuisieulx.

EN FAMILLE, livre de lecture, par MM. Victor Coupin et Albert Renouf.

ÉTATS-UNIS ET LE CANADA (LES), par M. Xavier Marmier.

EXILÉS DANS LA FORÊT (LES), par le capitaine Mayne-Reid.

EXPIATION (UNE), par Octave Thanet, traduit par A. Chevalier.

FAMILLE DE JEHANNE DARC (LA), par Gabriel Ferry.

JACK LE PATRIOTE, par Sylva Consul.

JEUNES CHASSEURS DU NORD (LES), par le capitaine Mayne-Reid.

MADEMOISELLE DE LA GUETTIÈRE, par Marguerite Levray.

MARÉCHAL PÉLISSIER (LE), duc de Malakoff, par P. F.

MES PRISONS, ou Mémoires de Silvio Pellico, traduit par l'abbé J.-J. Bourassé.

MINA, ou les épreuves d'une vie d'enfant, imité de P. Hermann, par J. de Rochay.

NAUFRAGÉS AU SPITZBERG (LES), par L. F.

NIÈCE DE L'ONCLE DAN (LA), par Mme Marie Thiollier.

NINETTE BURATON, par Mme Jeanne Ferrier. Ouvrage couronné par l'Académie française.

ORPHELINE DE MOSCOU (L'), ou la jeune institutrice, par Mme Voillez.

PAPES FRANÇAIS (LES), par le chanoine C. P. du diocèse de Tours.

PÈLERINAGES DE SUISSE (LES), par Louis Veuillot.

PETITE (LA), par Georges Pradel.

PROMENADES DANS LES PYRÉNÉES, par M. Jules Leclercq.

PUPILLE DE SALOMON (LA), par Mme Marthe Lachèse.

ROME ET LORETTE, par Louis Veuillot.

SAINT VINCENT DE PAUL (VIE DE), par Jean Morel.

SIAM ET LES MISSIONNAIRES FRANÇAIS (LE), par Adrien Launay.

TUEUR DE DAIMS (LE), de Fenimore Cooper. Adaptation par A.-J. Hubert.

Tours. — Imprimerie Mame.

LA FAMILLE

DE

JEHANNE DARC

2ᵉ SÉRIE GRAND IN-8ᵉ

Jean remet la missive au souverain.   (Page 160.)

LA FAMILLE
DE JEHANNE DARC

LES AVENTURES DE JEHAN DARC

(1464-1465)

RÉCIT HISTORIQUE

Par GABRIEL FERRY

TOURS

MAISON ALFRED MAME ET FILS

AVERTISSEMENT AU LECTEUR

Jehanne Darc eut trois frères, dont l'histoire a gardé le souvenir et les noms : Jacquemin, Jehan et Pierre Darc.

Jacquemin et Jehan moururent jeunes, quelque temps après le supplice de leur glorieuse sœur. Pierre Darc, le plus jeune des trois frères, fut compagnon d'armes de la Pucelle d'Orléans ; à côté d'elle, dans le combat de Compiègne, il fut fait prisonnier. Rendu à la liberté, il s'établit avec sa famille dans l'Orléanais et vécut des libéralités du duc d'Orléans. Ennobli en 1429 par Charles VII, il porta le titre de chevalier du Lys ; il mourut en 1468.

Pierre Darc eut deux fils ; le second, Jehan Darc, remplit pendant son existence des fonctions publiques ; il mourut échevin de la ville d'Arras, vers 1505. Ce neveu de Jehanne Darc avait l'âge d'homme, sous le règne de Louis XI, lorsqu'en 1464 se forma la ligue du Bien public. Cette ligue fut une véritable conspiration ourdie par les princes apanagés, par les grands vassaux de la couronne contre le roi de France. Le duc de Bourgogne, Charles le Téméraire, fut le principal auteur de cette coalition. Celui-ci, par l'importance de ses fiefs, le nombre de ses hommes d'armes, l'abondance de ses richesses, était, à cette époque, presque l'égal de Louis XI. Il y eut commencement de guerre civile; la royauté et l'unité de la patrie coururent un grave péril. Le monarque sut conjurer le danger par son habileté, sa diplomatie et d'opportunes concessions.

Les péripéties de l'aventure du Bien public furent la bataille de Montlhéry, la patriotique résistance de Paris contre les efforts des princes coalisés, et le traité de Saint-Maur.

Avec quelques détails, nous évoquons dans ces pages cette curieuse période de notre histoire nationale; et, par un privilège accordé au conteur, qu'il nous soit permis de mêler à ce récit le neveu de Jehanne Darc, Jehan Darc, qui, à cette époque, avait l'âge d'homme pour servir le roi de France et aider celui-ci dans la répression de la guerre civile.

LA FAMILLE

DE

JEHANNE DARC

I

LE CHEVALIER PIERRE DU LYS

En 1464, à quelque distance d'Orléans, dans le voisinage de la Loire, se montrait une maison forte appelée par les habitants de la contrée le *château de Baigneau.*

Bâtie sur une hauteur dominant la Loire, cette maison forte avait le style de la plupart des demeures féodales de cette époque. C'était une construction en pierres grises, massive, carrée, élevée de trois étages et terminée par un toit pointu. A droite et à gauche de la façade principale se dressaient deux tours percées de meurtrières ; devant l'entrée une haute porte cintrée laissait voir une cour intérieure, quand ses lourds battants étaient ouverts. Une herse et un pont-levis se montraient à quelque distance de cette porte. Un fossé profond, assez large, courait autour du château de Baigneau, et rendait son accès difficile quand le pont-levis était levé.

Derrière cette demeure féodale s'étendaient des terres livrées à la culture; en face, à une certaine distance, apparaissait la Loire et ses rives verdoyantes; à gauche, dans le lointain, surgissait le panorama de la ville d'Orléans avec sa ceinture de remparts, les clochers de ses églises, les pignons pointus de ses nombreuses maisons.

Tout ce site offrait des aspects agréables aux yeux, et donnait alors l'impression d'une contrée prospère.

Quand les habitants du pays passaient à proximité du château de Baigneau, quelque familier que leur fût son aspect extérieur, ils ne pouvaient s'empêcher de le regarder avec attention et sympathie. Curiosité explicable, car, à cette époque, le propriétaire de la féodale demeure était un homme de grande renommée et de passé glorieux; il s'appelait Pierre Darc, chevalier du Lys; c'était le plus jeune des trois frères de la Pucelle d'Orléans.

Depuis plusieurs années, après les péripéties d'une existence aventureuse, Pierre Darc, avec sa famille, s'était fixé dans l'Orléanais; et la gloire de sa sœur, dont jadis il avait partagé les beaux exploits, illuminait sa vie présente.

En effet, aussitôt que Jehanne fut partie de Vaucouleurs pour aller rejoindre Charles VII à Chinon, les deux frères de la jeune héroïne, Jacquemin et Pierre

Darc, avaient pensé qu'ils devaient suivre l'exemple donné par leur sœur, c'est-à-dire aller offrir leurs services au roi de France pour chasser du pays les Anglais envahisseurs.

A leur tour ils avaient quitté le petit village de Domremy, enflammés d'une belle foi patriotique; ils avaient rejoint leur sœur à Chinon, au lendemain où celle-ci avait été reçue favorablement par Charles VII.

Le souverain avait permis aux deux frères de servir, comme hommes d'armes, aux côtés de l'héroïque jeune fille. Alors avait commencé la glorieuse aventure : l'entrée triomphale de la Pucelle dans Orléans, le 20 mai 1429, au milieu des acclamations enthousiastes de la population accourue pour voir, pour saluer la future libératrice; la lutte furieuse, acharnée contre les Anglais, la levée du siège de la ville par l'ennemi découragé, la glorieuse bataille livrée dans les plaines de Patay, puis la marche de Charles VII vers Reims, le ralliement de nombreuses villes à l'autorité royale, le sacre solennel du roi dans la cathédrale de Reims; l'agenouillement de Jehanne aux pieds du souverain, lui disant avec des larmes de joie :

« Gentil roi, ores est exécuté le plaisir de Dieu qui voulut que vous vinssiez à Reims pour recevoir votre digne sacre, en montrant que vous êtes le vrai roi. »

Et la reconnaissance du monarque se manifestait par l'ennoblissement de l'héroïne et de sa famille.

Ah! le lumineux tourbillon que l'existence de Jehanne pendant sa glorieuse mission qu'elle pressentait devoir bientôt finir.

Après la solennelle cérémonie de Reims, étaient venues la tentative pour entrer dans Paris, la campagne à travers l'Ile-de-France; puis la défaite, la capture devant Compiègne. La catastrophe était arrivée, parce que Jehanne, n'écoutant que son courage, avait opéré une sortie hors de la ville avec un nombre insuffisant d'hommes d'armes, et cela pour donner la chasse aux Bourguignons et aux Anglais coalisés qui assiégeaient la place.

Sa petite troupe, assaillie par un ennemi supérieur, avait dû battre en retraite vers Compiègne. Pendant que la Pucelle d'Orléans s'efforçait de rallier les fuyards, elle avait été attaquée, poursuivie par des cavaliers bourguignons ayant reconnu sa bannière t sa casaque rouge.

Malgré une belle défense de quelques chevaliers groupés, — au nombre de ceux-ci se trouvait son frère, — Jehanne la vaillante avait été faite prisonnière.

Alors commença pour elle cette douloureuse passion qui devait se terminer par le supplice du feu.

Pierre Darc, dans cette fatale affaire de Compiègne, devint aussi prisonnier des Bourguignons alliés des Anglais. Pendant plusieurs années il demeura en captivité; et à la fin, pour payer sa rançon, il dut vendre ses biens et ceux de son épouse. Rendu à la liberté, le malheureux homme était ruiné; son père et son frère Jacquemin étaient morts de douleur quelques mois après le supplice de Jehanne.

Charles VII, voulant venir au secours de Pierre

Darc, lui accorda une petite pension, et l'autorisa à
prendre le titre de chevalier du Lys, en raison des
fleurs de lys qui figuraient dans les armes de sa glorieuse sœur.

Ensuite le duc Charles d'Orléans, en souvenir de sa

« Tu me rends présente ma glorieuse sœur. »

capitale délivrée, de son territoire purgé des Anglais par
l'héroïne de Domremy, après avoir appelé à sa cour
Pierre Darc, le gratifia du château de Baigneau, et lui
concéda la propriété de l'île aux Bœufs, — île importante de terre fertile qui se dressait alors au milieu
de la Loire, — non loin d'Orléans [1].

[1] Aujourd'hui l'île aux Bœufs n'existe plus.

Ces libéralités rendirent quelque aisance au frère de Jehanne. L'ancien soldat belliqueux devint un paisible agriculteur, et dans cet état il put achever d'élever convenablement sa famille. Celle-ci se composait de deux fils et d'une fille toute jeune, issue d'une femme épousée en second mariage.

Le malheur, les événements avaient profondément modifié le caractère de Pierre Darc. Le souvenir des scènes de carnage vues sur les champs de bataille, l'amertume des années passées en captivité l'avaient absolument dégoûté du métier des armes; et il voulait que ses deux fils restassent étrangers aux périls, aux hasards de la guerre.

« Mes frères, ma sœur et moi, avait-il coutume de dire, nous avons vaillamment servi le roi sur les champs de bataille. Dans la carrière des armes, notre famille a fait plus que son devoir; mes fils serviront utilement leur souverain dans d'autres professions. »

En effet, lorsque l'aîné des fils de Pierre Darc eut atteint l'âge d'homme, il épousa la fille d'un gentilhomme de l'Orléanais, le sire de Vesines, propriétaire de grands biens dans le pays, et un des écuyers du duc d'Orléans. Alors il alla résider chez son beau-père.

A l'époque où commence ce récit, le fils cadet de Pierre Darc, Jehan, avait à peine vingt ans. C'était un gentil jouvenceau d'apparence un peu frêle, de moyenne stature, dont la figure douce, expressive, offrait, au dire de son père, une ressemblance frappante avec celle de sa glorieuse tante. Il avait la même couleur d'yeux, la même teinte de cheveux, la même configuration de traits; et cette ressemblance était

attestée par les compagnons d'armes de Pierre Darc,
quand ceux-ci venaient lui rendre visite ou lui demander l'hospitalité. Ils ne manquaient jamais de lui dire
à la vue de son second fils :

« Comme Jehan le cadet ressemble à Jehanne la
glorieuse! on la revoit dans son neveu. »

Un jour, Pierre Darc, voulant avoir une illusion plus
complète, imagina d'habiller son fils, alors enfant de
quatorze ans, avec des cheveux longs, une casaque
rouge et une jupe de laine grise, costume porté par
Jehanne quand elle conduisait dans les champs de
Domremy le troupeau paternel.

Avec un pareil accoutrement, l'enfant devint une
vision si sincère de Jehanne au moment de sa première jeunesse, que des larmes jaillirent des yeux de
Pierre Darc, et embrassant Jehan avec effusion, il
s'écria :

« Tu me rends présente ma glorieuse sœur; je discerne en toi des sentiments dignes d'elle, tu feras
honneur à notre famille. »

Et, comme le père évoquait toujours devant l'enfant
le nom et le souvenir de l'héroïne de Domremy, et
aussi le rapport de ses exploits, Jehan prit en vénéra-
tion la mémoire de sa glorieuse parente, et il eut le
culte ardent de sa lumineuse personnalité.

Le jeune homme avait l'intelligence vive, élevée, et
son esprit curieux était avide de savoir. Un moine
érudit d'un des principaux couvents d'Orléans avait
été son éducateur; il lui avait appris à lire, à écrire,
à calculer, et l'avait initié au grec et au latin, connaissances qui, à cette époque, constituaient un degré

déjà élevé d'instruction. Comme Pierre Darc avait des
pressentiments sur l'avenir de son fils, il voulut qu'il
allât continuer ses études à l'Université de Paris, cela
afin de devenir docteur en droit et en théologie. Quand
il serait pourvu de ce grade, il pourrait être nommé
conseiller dans un parlement ou professeur dans une
université. Puis, subitement, un événement retarda le
départ de Jehan pour Paris. Louis XI, après avoir suc-
cédé à son père Charles VII (1461), avait éveillé la
défiance, l'hostilité des grands vassaux de la couronne, des princes apanagés : entre autres les ducs de
Bourgogne, de Bretagne, de Bourbon, de Nemours.
Ceux-ci reprochaient au souverain ses tentatives pour
diminuer leur puissance et restreindre leurs privilèges. De leur part pareils griefs étaient exacts, mais
justifiés par la raison d'État.

Caractère autoritaire, Louis XI, en montant sur le
trône, s'était proposé d'établir en France, — et de
façon définitive, — la suprématie de l'autorité royale.
Alors lentement, graduellement, il enleva aux princes
apanagés les droits régaliens qu'ils prétendaient conserver. Il les empêcha de conclure des traités, soit
entre eux, soit avec les puissances étrangères. Il voulut même que la chasse fût déclarée droit domanial,
et vendue à ce titre comme les autres droits doma-
niaux, afin d'en faire une source de revenus pour la
couronne. Cette ordonnance, qui par la suite ne put
être exécutée, atteignait la noblesse dans sa propriété
même, et contestait le privilège auquel elle tenait le
plus.

Au commencement de 1465, toutes ces manifestations de Louis XI ayant exaspéré les grands vassaux, ils formèrent contre lui une formidable coalition qu'ils appelèrent la ligue du Bien public. En Picardie, en Flandre, en Bretagne, dans le Bourbonnais, les princes apanagés levèrent des troupes pour marcher contre le roi, et la guerre civile s'annonça prochaine.

Tels étaient les événements qui avaient retardé le départ de Jehan pour Paris.

Cependant, comme le duc d'Orléans demeurait neutre entre le roi et les grands vassaux, la répercussion de ces agitations ne s'était pas encore fait sentir dans l'Orléanais. Un soir du mois de mai 1465, à l'heure du souper, dans la salle à manger du château de Baigneau, Pierre Darc, chevalier du Lys, s'entretenait de ces graves événements avec sa femme et ses enfants. Malgré les libéralités du duc d'Orléans, la famille était plutôt pauvre. Aussi cette salle, où elle prenait le repas du soir, était-elle très simplement meublée. Quelques pièces de chêne sculpté composaient l'ameublement. Aux portes, pas de riches tapisseries d'Orient; sur les murs, pas de luxueuses panoplies aux armes éclatantes. La seule décoration de la pièce était, glorieux témoignage de l'héroïsme, le blason de Jehanne Darc anoblie par Charles VII, en 1429. Ce blason figurait un écu d'azur à demi-fleurons de lys d'or, avec une épée d'argent à la garde dorée, la pointe en haut avec une couronne d'or.

A cette époque Pierre Darc avait environ soixante ans, mais il paraissait plus que cet âge, car les fatigues, les soucis et des infirmités précoces l'avaient vieilli avant le temps. Il avait la taille voûtée, la barbe et les cheveux tout blancs. Dans toute sa personne se montrait une allure lassée, maladive. C'était comme l'accablement d'un homme qui a joué un rôle trop actif dans une belle épopée de guerre. Il était habillé d'un vêtement très simple : justaucorps en drap gris foncé serré à la taille par un ceinturon de cuir, culottes de même étoffe, larges autour des reins et plongeant dans des jambières de cuir fauve.

En face de Pierre Darc se tenait sa femme, épousée en second mariage ; personne dans la quarantaine, à la figure douce, régulière, à la parole lente, vêtue d'une robe de laine très simple. C'était la mère de la toute jeune fille assise à un des bouts de la table. Mais la gaieté, l'animation de cette réunion familiale émanait de Jehan Darc placé à l'autre bout de la table, en face de celui occupé par sa sœur. Il posait de fréquentes questions à son père, le forçant ainsi à la causerie, et sa voix bien timbrée sonnait clair dans la salle.

Répétons-le, le jeune homme était de taille moyenne, mince de corps avec des épaules encore un peu étroites ; mais la tête était expressive et la physionomie séduisante. La ressemblance de Jehan Darc avec l'héroïne de Domremy faisait comprendre le charme, l'ascendant que celle-ci avait inspiré à ceux qui l'approchèrent. Avec une juvénile animation dans la voix et dans le geste, Jehan dit à son père, continuant une conversation commencée :

« Tout ce qui se passe actuellement présage la guerre civile au plus prochain jour ; mais le roi Louis XI sortira vainqueur de la lutte ; il a le bon droit pour lui, ensuite son armée est plus solide, plus aguerrie que celle des princes coalisés. »

Pierre Darc secoua la tête.

« Aujourd'hui le roi est puni de la même façon dont il a péché. Quand il était dauphin, il a troublé le royaume en se révoltant contre son père; maintenant qu'il est souverain, les grands vassaux agitent la France en se soulevant contre son autorité. »

Vivement le jeune homme protesta :

« Les actes du dauphin doivent être oubliés; aujourd'hui Louis XI a raison de vouloir exercer son autorité royale tout entière, et de réprouver l'ambition, les exigences de certains princes apanagés. Les ducs de Bourgogne et de Bretagne notamment sont trop puissants, trop avides de domination. Toujours ils sont prêts à appeler l'étranger pour les aider à satisfaire leurs convoitises. Jadis, quand vous combattiez aux côtés de votre glorieuse sœur, n'aviez-vous pas pour adversaires les hommes d'armes du duc de Bourgogne mêlés aux Anglais envahisseurs du pays? Aujourd'hui le vieux duc Philippe de Bourgogne et son fils le comte de Charolais se préparent aux mêmes manœuvres. Et le duc François de Bretagne n'apparaît-il pas coupable des mêmes actes? Il ne veut ni reconnaître le Parlement de Paris, ni payer aucun impôt à son souverain. Il se proclame duc par la grâce de Dieu et s'attribue tous les droits royaux. Enfin il passe pour négocier avec Édouard IV, promettant de transférer au monarque anglais l'hommage de la Bretagne. Toutes ces ambitions sont intolérables, et maintenant que le sol de la patrie est délivré de l'étranger, le devoir du roi est de s'opposer aux empiétements des grands vassaux et de châtier leur perfidie. »

A mesure que Jehan proférait ces paroles, son visage s'animait, ses yeux brillaient d'un fulgurant éclat.

Avec un ravissement attendri, le père contemplait son fils :

« Ah ! cher enfant, dit-il, voilà un fier langage qui me rappelle celui que nous tenait ma glorieuse sœur quand elle nous menait contre les Anglais. »

Puis, une pensée de prudence reprenant le dessus dans l'esprit du vieillard, il ajouta :

« Si légitime que soit cette lutte du roi contre ses grands vassaux, j'eusse mieux aimé qu'elle soit ajournée à plus tard. Qui dit que notre contrée ne sera pas troublée ? L'événement retarde tes études, je n'ose t'envoyer suivre les cours de l'Université de Paris dans un moment si agité. »

Un sourire éclaira les lèvres de Jehan :

« Ne vous alarmez pas outre mesure, mon père; dans quelques mois, dans quelques semaines peut-être, la querelle du roi et des princes coalisés sera apaisée, terminée; et quand je serai rendu à Paris, je vous promets d'étudier avec assez d'ardeur pour rattraper le temps perdu. »

Alors la femme de Pierre Darc, se mêlant de l'entretien, proféra ces paroles :

« Le départ de Jehan sera une tristesse pour nous; la circonstance qui retarde ce départ n'est pas faite pour nous déplaire.

— Certes, exclama la jeune sœur, la maison nous

semblera bien vide, cher frère, quand tu ne seras plus parmi nous. »

Jehan envoya un sourire amical à la jeune fille.

« Voilà une gentille parole, petite sœur. Paris n'est pas bien éloigné d'Orléans. Quand j'y habiterai, je viendrai vous voir toutes les fois que j'en aurai le loisir. »

Puis un silence se fit autour de la table familiale. On était alors dans les longs jours de l'année : une grande fenêtre ouverte laissait pénétrer dans la salle une belle lumière.

« Regardez, mon père, dit vivement Jehan, de quel beau spectacle je serais privé si, en ce moment, je me trouvais loin de vous. »

Et le jeune homme désigna le paysage qui se déroulait à l'horizon, inondé des lueurs du soleil couchant : la plaine dévalant en pente douce dans le lointain, les rives de la Loire verdoyantes, les eaux paisibles du fleuve, les bouquets d'arbres épais apparaissaient, incendiés par une lumière pourprée. Quoiqu'ils fussent familiers avec ce spectacle, une même exclamation s'échappa de la bouche de Pierre Darc et de ses enfants :

« Ah! la splendide fin de journée! »

En ce moment la porte principale de la salle s'ouvrit, et un serviteur fit son entrée.

II

Après s'être avancé vers la table, le serviteur s'adressant à Pierre Darc dit :

« Messire, un cavalier accompagné d'un écuyer vient de se présenter à la poterne du château, sollicitant l'hospitalité, réclamant la faveur d'être introduit en votre présence.

— Le nom de ce cavalier? demanda le maître du logis.

— Il ne veut le dire qu'à vous-même, mais il prétend avoir été autrefois un des compagnons d'armes de votre seigneurie. »

Pierre Darc eut un sursaut.

« Introduis de suite ce cavalier; la visite d'un ancien compagnon d'armes m'est toujours agréable. »

Le serviteur sortit de la salle. Un sentiment de curiosité s'était emparé des habitants du château. Les visites d'anciens frères d'armes de Pierre Darc se faisaient de plus en plus rares.

« Quel peut être celui-là? pensa ce dernier, sans doute un vieillard comme moi. »

Un bruit de pas se fit entendre au dehors, et bientôt le visiteur annoncé pénétra dans la salle.

C'était un homme taillé en force, de stature moyenne, avec des épaules larges; une barbe grise, des sourcils broussailleux ombrageaient une partie de son visage, sans parvenir à masquer la vivacité de ses yeux.

Il paraissait avoir dépassé la cinquantaine. Son accoutrement était celui d'un homme d'armes à cheval : justaucorps, chausses et bottes en peau de buffle ; sur la tête un casque léger dit *morion;* le ceinturon qui enserrait sa taille retenait une rapière et une dague.

« Où est le chevalier Pierre Darc? demanda à voix haute le nouveau venu au serviteur qui le guidait; c'est à lui tout d'abord que je veux présenter mes hommages. »

Le vieillard, s'étant levé, s'avança à la rencontre de son hôte.

« Pierre Darc est devant vous, répondit-il; à votre tour apprenez-moi votre nom.

— Ah! cher compagnon, exclama le nouveau venu, que je suis donc aise de te retrouver. Par exemple, les années nous ont si changés que nous ne nous reconnaissons plus. Apprends que je suis Richard l'archer, c'est-à-dire un des six compagnons que le capitaine Baudricourt de Vaucouleurs choisit pour conduire Jehanne la Pucelle à Chinon, où se trouvait le roi Charles VII.

— Tu es Richard l'archer, un des frères d'armes

de ma glorieuse sœur! cria joyeusement Pierre Darc. Alors ta présence est la bienvenue dans mon logis. »

Puis il ajouta :

« Sur toi aussi le temps a fait son œuvre. A première vue, je ne t'aurais pas reconnu. »

L'ancien compagnon d'armes de Jehanne Darc se mit à rire :

« En effet, dans le vieil homme bronzé, voûté que je suis devenu, il est difficile de reconnaître le vaillant garçon que tu as connu autrefois. Mais si le temps a changé mon visage, il m'a laissé la vigueur de la maturité. J'ai conservé le bras nerveux pour tendre mon arbalète, et mes yeux sont encore assez perçants pour bien atteindre le but où j'envoie ma flèche.

— Maintenant, poursuivit Pierre avec effusion, je reconnais bien le son de ta voix, le rayon de tes yeux. Dis-moi, Richard, quel bon vent, quel heureux hasard t'a conduit dans notre pays?

— Ceci est une histoire assez longue à raconter, et dont quelques détails certainement t'intéresseront. Mais avant de te narrer les péripéties de mon voyage, laisse-moi t'apprendre que je chevauche depuis ce matin avec mon écuyer, car j'ai un écuyer qui en ce moment s'occupe de nos montures. Oh! il est étonnant combien l'air de l'Orléanais est apéritif, et combien la poussière de ses routes provoque la soif! »

Pierre sourit :

« Prends place à cette table, et pendant que tu vas satisfaire ta faim et ta soif, nous te tiendrons compagnie. »

En ce moment plusieurs serviteurs entrèrent dans

la salle, apportant des flambeaux allumés et des plats chargés de victuailles qu'ils déposèrent sur la table.

L'archer Richard eut une pantomime d'évidente satisfaction à la vue d'un pâté de venaison, d'un large quartier de viande froide et d'un saladier rempli de légumes assaisonnés. Son appétit, fortement aiguisé, allait pouvoir se satisfaire. Il avait déjà pris place devant la table, quand un nouveau personnage fit son entrée dans la salle.

C'était un bossu, dont la bosse très évidente n'avait pas trop rapetissé la taille, d'âge déjà avancé, à en juger par sa moustache grise et ses cheveux également gris, taillés en brosse. Il avait une grosse tête presque carrée avec un nez camard, des yeux petits et luisants, une bouche ironique garnie de dents pointues. Tous ces traits donnaient au bossu une laide figure, mais non dépourvue d'originalité. Ses membres, gros et musculeux, dénotaient chez lui une force peu commune. Son accoutrement était le même que celui de l'archer Richard.

Ce dernier dit gravement à Pierre Darc, lui désignant le bossu :

« Je te présente Nicolas Letordu, mon serviteur à tout faire, présentement mon écuyer, car le gaillard est expert dans beaucoup de besognes. Son nom semble justifier sa bosse, n'est-ce pas? Cependant son père, que j'ai connu, était droit comme une lance et ses enfants ont la taille régulière. Il n'a pas un beau physique, mon écuyer, mais son caractère absolument désagréable ne fait pas oublier cet inconvénient. Il est souvent de fâcheuse humeur, d'une franchise désobligeante et d'un sans-gêne absolu. Ainsi je ne l'avais pas invité à monter, et le voilà présent; il n'est pas convié à se mettre à table, et cependant il va s'y asseoir. »

Nullement déconcerté par de telles paroles, Nicolas Letordu s'inclina devant Pierre Darc, disant :

« Je vais me retirer, si votre seigneurie juge que je ne suis pas à ma place là où est mon maître. Mais je vous avertis que présentement j'ai grand appétit et gosier altéré. »

Pierre eut un sourire bienveillant :

« Vous allez demeurer ici, mon brave, et vous asseoir à cette table.

— Tu en fais l'expérience, exclama l'archer. Le gaillard est doué d'un sans-gêne qui le met à son aise partout. »

Pendant ce colloque, Jehan Darc, retiré dans un coin de la salle, avait gardé le silence. La vue, la présence d'un ancien compagnon d'armes de l'héroïne de Domremy l'avait vivement impressionné, et à mesure que ce dernier parlait il sentait sa confiance, sa sympathie aller vers lui. Puis Jehan s'étant assis de nouveau à la table, les yeux de Richard se fixèrent sur lui.

A l'aspect du visage du jeune homme, alors placé en pleine lumière, le vieil archer eut un mouvement de vive surprise.

« Quelle ressemblance! exclama-t-il. C'est véritablement le visage de Jehanne la glorieuse. »

Puis s'adressant à Pierre Darc :

« C'est ton fils, n'est-ce pas? »

Le père eut un signe affirmatif.

« Oui, c'est mon plus jeune fils, Jehan le cadet.

— Il a le juvénile visage de ta glorieuse sœur, lorsqu'elle quitta Vaucouleurs pour se rendre à Chinon en notre compagnie. »

Puis interpellant Jehan, le vieil archer ajouta :

« Combien votre vue me rend heureux! La circonstance me rappelle ma prime jeunesse. »

Modestement, le jeune homme répliqua :

« La présence dans notre logis d'un ancien frère d'armes de ma glorieuse parente me procure une joie pareille à la vôtre; et, si votre visite n'est pas trop courte, comme nous l'espérons, vous me parlerez de celle qui est devenue une martyre. »

Le souper se poursuivit. Richard et son écuyer Nicolas Letordu disaient vrai, quand ils avaient affirmé que l'air et la poussière des routes de l'Orléanais avaient grandement excité leur faim et leur soif. Ils faisaient honneur aux victuailles et aux flacons déposés devant eux. Le bossu avait même un travail de mastication supérieur à celui de son maître. Cependant, si occupé qu'il fût à satisfaire sa fringale, le vieil archer ne cessait de regarder Jehan. Il restait encore sous le coup de surprise motivée par l'étonnante ressemblance. Puis, après le premier accès d'appétit apaisé, ce dernier parla en ces termes au maître du logis :

« Cher et ancien compagnon d'armes, je devine ta curiosité; je vais t'apprendre pourquoi j'ai quitté le village de Coussey... que tu connais bien, car il est voisin de Domremy, et où je m'étais retiré pour cultiver mon coin de terre, après la fin de la guerre contre les Anglais; je vais te dire pourquoi je chevauche présen-

tement sur les routes de l'Orléanais en compagnie
d'un écuyer aussi mal bâti que Nicolas Letordu. »

Alors interrompant son travail de mastication, le
bossu regarda son maître d'un air ironique :

« Vous m'accusez de sans-gêne, dit-il, il me semble

« C'est ton fils, n'est-ce pas ? »

que vous usez d'une étrange familiarité en tutoyant le
seigneur Pierre Darc, chevalier du Lys. Le roi Charles
l'a fait gentilhomme, et vous, vous êtes resté manant. »

Richard éclata de rire.

« Le drôle a raison de me rappeler aux conve-
nances ; excusez donc mon involontaire familiarité, je
ne la renouvellerai plus. »

Pierre Darc tendit la main au vieil archer.

« Entre nous, la distance n'existe pas ; sois toujours avec moi comme au temps où nous donnions la chasse aux Anglais.

— Merci ! Je continue mon récit. Nous traversons des événements graves : une guerre cruelle, la guerre civile est imminente ; les grands vassaux de la couronne se sont coalisés contre Louis XI. Alors je me suis dit que, malgré mes cinquante-cinq ans, j'ai encore le cœur assez vaillant, le bras assez solide, l'œil assez vif pour faire un soldat de plus au service du roi de France. Et en conséquence de ce raisonnement, j'ai quitté le pays lorrain en compagnie de ce vilain écuyer qu'est Nicolas Letordu.

— Pardon, interrompit le bossu, si je vous ai suivi, c'est que le devoir m'y oblige ; mais si vous m'aviez écouté, je vous aurais dit qu'il était plus sage de votre part de rester tous deux tranquilles à Coussey, attendu que les querelles des grands ne regardent pas les petits.

— Silence ! cria le vieil archer impatienté, je n'ai que faire de ton opinion.

— Je me tais, grogna le bossu ; mais vous savez tout de même mon sentiment sur votre aventure.

— En ce moment la guerre est-elle déjà commencée ? demanda Pierre Darc ; ici, les nouvelles ne nous arrivent qu'en retard, confuses et contradictoires.

— Actuellement, répondit Richard, le roi est dans le Berry, occupé à guerroyer contre le duc de Bourbon, son propre beau-frère, lequel est entré dans la ligue du Bien public, car tel est le nom de la coalition des grands vassaux contre leur souverain.

— L'armée royale est-elle nombreuse? demanda vivement Jehan Darc.

— Elle compte quinze mille hommes environ, bien aguerris, bien disciplinés.

— Avec une telle force, le roi doit venir à bout des rebelles du Berry. »

Le vieil archer eut un geste.

« Prochainement, le roi va se trouver aux prises avec deux autres armées : l'une venue de Flandre et de Picardie, commandée par le comte de Charolais, fils et héritier du duc de Bourgogne; la seconde conduite par le duc François de Bretagne. Dans cette armée se trouve le jeune frère de Louis XI, le duc de Berry. Celui-ci, après s'être enfui de Poitiers, sous prétexte de se mettre en sûreté, s'est réfugié à Nantes, et il fait cause commune avec les princes révoltés contre l'autorité de son frère. Le duc de Berry a même lancé un manifeste où il dit que le royaume, faute de bon gouvernement, de justice et de police, va à sa perte, à moins que lui ne s'y oppose et n'y apporte remède. Il a sommé ses vassaux de prendre les armes pour faire des remontrances au souverain; il a invité les princes et seigneurs à pourvoir, par l'épée, au soulagement du pauvre peuple et au bien-être du royaume. Si donc toutes ces armées peuvent se rejoindre, Louis XI aura bien du monde sur les bras. Mais il a le bon droit pour lui, et puis il est rusé compère; peut-être trouvera-t-il moyen de diviser ses ennemis au lieu de les combattre. »

A la révélation de ces faits, qu'il ne connaissait que

vaguement, une grande tristesse apparut sur le visage de Pierre Darc.

« Le royaume est en grave péril, murmura-t-il, et cette fois non par la faute de l'étranger, mais par celle de ses sujets. Pauvre pays! Il n'avait pas besoin de cette calamité qui s'appelle la guerre civile. »

Après un silence, Richard poursuivit en ces termes :

« Cette ligue, cette lutte des grands vassaux contre le roi ne me cause aucune surprise, car il y a bien des années elle m'a été annoncée, prédite par ta glorieuse sœur. Sa prophétie devait se réaliser, comme se sont réalisées toutes celles qu'elle a faites. »

Alors Pierre Darc eut un sursaut de vive surprise.

« Jehanne aurait prévu, annoncé la présente guerre? exclama-t-il; mais en quelle circonstance aurait-elle pu te faire semblable confidence, puisque, aussitôt après sa capture devant Compiègne, elle fut étroitement gardée, emprisonnée; elle n'a pu voir ni entretenir aucun de ses compagnons d'armes.

— Écoute-moi attentivement. Tu as dû entendre parler d'un combat sanglant qui s'est livré au mois de mai 1431, dans les environs de Beauvais, et dans lequel nous fûmes défaits par les Anglais.

— En effet, après ma libération de captivité, l'affaire m'a été contée.

— Sache, continua le vieil archer, que je me trouvais alors dans la garnison de Beauvais; et j'ai été mêlé à l'aventure qui aurait pu être glorieuse, et dont le but était la délivrance de Jehanne prisonnière et torturée à Rouen.

— Parlez, parlez! cria alors Jehan en proie à une

vive émotion; je n'ai jamais rien su d'un tel projet. »

Richard se tourna vers le jeune homme :

« Vous avez raison d'être attentif, la suite de mon récit va vous le prouver... Donc dans la ville de Beauvais se trouvaient alors réunis divers personnages importants : Regnault de Chailles, archevêque de Reims, le maréchal de Boussac, Poton de Xaintrailles et d'autres vaillants capitaines. Tous pensèrent qu'il serait honteux si les Français ne tentaient pas un suprême effort pour arracher la libératrice du pays des mains de ses bourreaux. Alors ils résolurent d'effectuer une marche rapide vers Rouen, avec l'espoir de s'emparer par surprise de la ville, du duc de Bedfort, le régent d'Angleterre, et de tout son conseil. Si l'aventure réussissait, c'était Jehanne délivrée. Les capitaines et leurs hommes d'armes devaient partir de Beauvais le lendemain du jour où pareille résolution avait été prise.

« Par malheur, la veille de ce même jour, le régent Bedfort, appelé à Paris pour affaires, quitta Rouen. Averti de ce départ, un parti de Français voulut s'emparer de lui, lorsqu'il passerait sur le pont de Mantes. Avisé du péril, l'Anglais traversa la Seine un peu au-dessus de Mantes, laissant sur la rive la majeure partie de son escorte, et gagna Paris sans encombre.

« Informé du danger couru par le duc de Bedfort, un corps d'Anglais campés à Louviers se transporta à Mantes. Puis ces gens, ils étaient au nombre de vingt mille, désireux de rentrer dans leur camp après avoir fait quelque coup de main, marchèrent sur Beauvais. Nous venions d'en sortir, nous n'étions qu'un millier d'hommes. Le choc eut lieu en rase campagne; les Anglais manœuvrèrent si bien qu'ils nous enveloppèrent, nous attaquant à la fois par devant, par derrière. Notre résistance fut acharnée. Xaintrailles, selon son habitude, montra de l'audace et du sang-froid; mais il fut fait prisonnier, et moi avec lui; je combattais à ses côtés. A la bataille de Patay, Xaintrailles avait fait prisonnier le général anglais Talbot; devant Beauvais, à son tour, Talbot captura le capitaine français. L'Anglais, très courtois en cette circonstance, voulut conduire lui-même Xaintrailles à Rouen, pour obtenir du régent Bedfort la mise en liberté du prisonnier. Moi aussi, je fus emmené à Rouen. Comme je connaissais quelques mots d'anglais, mon capitaine voulut que je restasse attaché à sa personne. Nous fûmes conduits et incarcérés dans le vieux château de Rouen, où Jehanne Darc était elle-même enfermée. Elle occupait un cachot situé à un étage de la grosse tour. Cette circonstance donna à Xaintrailles et à moi l'ardent désir de voir l'héroïque martyre. La réalisation de ce désir était impossible pour mon chef étroitement gardé; moi, je jouissais d'une liberté relative, puisque je m'employais à son service. Voir Jehanne devint mon unique préoccupation. On m'avait si incomplètement fouillé, que j'avais pu conserver quelques ducats; de plus, pour remplacer mon vêtement tombé en lambeaux, j'avais dû endosser les hardes d'un homme d'armes anglais. Arriva le dimanche de la Trinité, c'était le 27 mai 1431; dans la matinée, toutes les cloches des églises de Rouen faisaient entendre leurs bruyantes sonneries. Un grand bruit emplissait la ville. Je feignis de vouloir entendre la messe célébrée dans la chapelle du vieux château. On m'accorda cette permission. Mais au lieu de me rendre à la chapelle, après avoir traversé la cour, j'allai vers la grosse tour où était enfermée la prisonnière. Des hommes d'armes se tenaient là en permanence. Je leur dis en anglais :

« — J'ai une commission à faire à un des gardiens qui sont là-haut. »

« On me permit de monter. En ce jour de fête religieuse, la consigne était moins dure. Devant la porte du cachot de Jehanne, en ce moment un seul geôlier se tenait debout. Je dis à cet homme, en anglais, en lui montrant un ducat :

« — J'ai la curiosité de voir un instant la sorcière, l'hérétique; ouvre cette porte, personne ne le saura. »

« Le geôlier garda le silence. Je montrai un second ducat, même silence. Je tirai de ma poche une troisième pièce d'or. Les yeux du geôlier brillèrent :

« — Entre, murmura-t-il, si tu peux faire une même offrande au gardien qui se tient dans le cachot de l'hérétique. »

« J'eus un signe affirmatif; et cet homme entr'ouvrit la lourde porte bardée de fer qu'il referma sur moi. Alors voici ce que je vis... »

Ici le vieil archer fit une pause.

« Oh! parle sans omettre aucun détail, » dit Pierre Darc, d'une voix étranglée par l'émotion.

Et Jehan, par sa pantomime, manifesta un égal désir de connaître la fin du récit de Richard.

« Avant tout, poursuivit ce dernier, j'observai que

le geôlier qui se tenait habituellement dans le cachot, était affalé sur un escabeau, et si profondément endormi, que je ne devais pas m'en inquiéter. Puis mes regards s'attachèrent sur la pauvre prisonnière. Oh! alors quel spectacle je vis! Non, jamais je n'oublierai cette vision. Jehanne était attachée à un des piliers de son cachot, au moyen d'une chaîne, avec la longueur nécessaire pour permettre à la prisonnière de se coucher sur une paillasse étendue sur le sol. Jehanne, les cheveux courts, était revêtue d'habits d'homme. Pendant une nuit, ses lâches bourreaux lui avaient dérobé ses vêtements féminins.

« Malgré ses traits amaigris par la souffrance, son teint pâli par la captivité, son visage gardait une expression qui impressionnait.

« Silencieux, je m'avançai vers elle. Alors de quel air elle me regarda! quels rayons avaient ses yeux! Je discernai qu'elle se demandait si elle n'était pas la proie d'une hallucination, et je murmurai :

« — Tu me reconnais bien, n'est-ce pas? Je suis Richard l'archer, un de tes compagnons d'armes. »

« Alors un éclair de joie brilla dans les yeux de la prisonnière, et aussitôt, à demi voix, elle demanda :

« — Comment te vois-je ici? »

« Et je répliquai :

« — Xaintrailles a voulu te délivrer, j'ai marché et combattu avec lui; les Anglais nous ont battus, conduits à Rouen, et enfermés dans cette même prison. »

« Alors des larmes jaillirent des yeux de Jehanne.

« — Mon Dieu, soyez loué! dit-elle, avant de mourir vous m'avez donné une suprême joie, la joie d'apprendre que les miens ne m'ont pas oubliée, et qu'ils ont tenté de m'arracher au supplice qui m'attend. »

« Une indicible émotion m'avait étreint le cœur; je me jetai à genoux, et prenant une des mains de la prisonnière, que je portai à mes lèvres, je balbutiai :

« — Jehanne, tu es une sainte! nous ne nous reverrons plus, donne-moi ta bénédiction! Dis-moi ta dernière pensée, confie-moi ta dernière volonté; et si je peux l'exécuter, elle sera faite.

« — Merci, Richard, me répondit-elle. Je suis heureuse d'avoir revu, avant de mourir, un des compagnons d'armes qui m'ont aidée à remplir ma mission. Maintenant sache ceci : *mes voix*, qui me visitent toujours, qui se font toujours entendre à mes oreilles, me disent que sous peu les Anglais seront chassés du territoire de France. »

« Puis, après une pause, la prisonnière ajouta avec une grande tristesse dans les yeux :

« — *Mes voix* m'avertissent aussi que les maux de notre pays ne seront pas terminés avec l'éloignement de l'étranger. Dans plusieurs années éclatera une nouvelle guerre, une guerre civile, entre le fils du roi de France et ses sujets. Alors si tu es encore de ce monde, va trouver les membres de ma famille qui vivront ou leurs héritiers, et dis-leur ma volonté dernière qui est celle-ci : Je désire qu'ils ne se désintéressent pas de cette guerre; je désire qu'ils servent vaillamment le roi de France dans la revendication du bon droit. »

« Toujours très ému, je répondis :

« — Jehanne, si le Ciel me prête vie, si l'événement prédit par *tes voix* se réalise, je te promets de rapporter à tes frères ou à leurs fils ta suprême volonté. »

« En ce moment, poursuivit le vieil archer, un grattement se fit entendre derrière la porte ; c'était le signal donné par le geôlier m'avertissant que je devais me retirer.

« Après un dernier regard échangé avec l'héroïque prisonnière, je me précipitai au dehors du cachot en proie à un si grand trouble, que je m'étonne encore que les soldats anglais postés au pied de la tour ne s'en soient pas aperçus. Je rapportai à Xaintrailles mon entrevue avec Jehanne, et les paroles échangées. Le vaillant capitaine se montra émotionné. Puis j'avertis mon chef que j'étais décidé à user de ruse pour m'évader de Rouen, et il approuva mon projet.

« — Sûrement, exclama-t-il, la prophétie de Jehanne se réalisera. »

« En effet, quelques jours plus tard, une circonstance me permit, grâce à mon costume d'homme d'armes anglais, de sortir de la ville. Comme je ne marchais que la nuit, je réussis à n'être ni découvert, ni capturé. Enfin je parvins à gagner Beauvais qui était toujours occupé par les Français. »

Le vieil archer avait terminé son émouvant récit, et un grand silence se fit dans la salle à manger du château. La physionomie, l'attitude de Pierre Darc et de son fils révélaient une intense émotion ; la soirée s'avançait. Par les fenêtres demeurées ouvertes, le ciel apparaissait tout scintillant d'étoiles. Une lumineuse transparence, semblable à une aube, enveloppait la campagne.

Richard s'était levé de table, Nicolas Letordu l'avait imité. Copieusement l'un et l'autre avaient satisfait leur faim et leur soif. Désireux de tirer une conclusion de son récit, le vieil archer, s'adressant à Pierre Darc, ajouta ces mots :

« Jusqu'à ce jour, les circonstances avaient rendu inutile la révélation des dernières paroles, de la dernière volonté de ta glorieuse sœur ; je n'ai donc pas cherché à te retrouver ; mais aujourd'hui que les événements justifient la dernière prophétie de Jehanne, j'ai considéré comme un devoir sacré sa révélation, et voilà le vrai motif de ma visite, de ma présence dans ton logis. Maintenant m'autorises-tu à te demander quelle résolution tu vas prendre ? »

Pierre Darc s'était levé ; sa figure crispée indiquait que l'émotion suscitée par les révélations de Richard n'était pas encore apaisée.

« Tu vois, dit-il, le trouble où m'a jeté l'annonce de la dernière volonté de celle que nous vénérons tous. En ce moment, trop de réflexions assaillent mon esprit pour que je réponde de suite à ta question. Mais il se fait tard, tu dois être fatigué ; demain nous reprendrons cet entretien.

— Qu'il soit fait comme tu désires, répliqua le vieil archer, je demeure à ta disposition. »

Bientôt un serviteur conduisit ce dernier dans une des chambres du château où il devait passer la nuit.

Cette pièce était vaste et très simplement garnie de quelques meubles en bois sculpté. Avant de se mettre au lit, Richard se dit à soi-même :

« Certes, Pierre Darc m'a fait un accueil amical, hospitalier; mais le pauvre homme me paraît bien fatigué, bien cassé, c'est une ruine; je ne l'aurais jamais reconnu. Il ne lui est pas possible d'obéir à la dernière volonté de Jehanne la Pucelle, et de fournir un combattant de plus au roi Louis XI. Mais quel intéressant garçon que son fils cadet! Sa ressemblance avec sa tante m'a positivement stupéfait; il ferait un joli chevalier. Son père l'a-t-il façonné au métier des armes? Enfin nous verrons bien. »

Nicolas Letordu, conduit dans une chambre plus modeste, située à un étage supérieur, au moment de s'endormir, se livrait à un autre genre de réflexions.

« Le vieux chevalier nous a parfaitement reçus, murmurait-il; il n'est pas fier, il m'a permis de m'asseoir à sa table. Nous devrions rester quelques jours ici pour bien manger et bien boire. Le roi Louis XI, qui a une armée de quinze mille hommes, peut attendre notre arrivée. Dès demain matin j'irai pêcher dans la Loire, et constater si elle est aussi poissonneuse qu'on le dit. »

III

Le lendemain, dans la même salle du château de Baigneau, tous nos personnages se trouvaient réunis autour de la table pour le dîner de midi. La journée était aussi radieuse que celle de la veille; par les fenêtres ouvertes on voyait la campagne environnante, illuminée d'un splendide soleil. Dans le lointain, la Loire, déroulant ses ondes claires argentées, ajoutait un charme au paysage.

Pierre Darc, la tête penchée sur la poitrine, gardait le silence comme en proie à une grave méditation. Sa femme et son fils Jehan demeuraient également silencieux; mais l'entretien était engagé entre Richard et la jeune fille du maître du logis. L'enfant, avec la curiosité de son âge, interrogeait le vieil archer sur le pays de Domremy, berceau de la famille Darc. Mais ce dernier racontait que, natif de Coussey, bourg voisin de Domremy, il avait connu tout jeune les frères de Jehanne, et Jehanne elle-même, quand elle menait

paître le troupeau de son père dans les pâturages qui
s'étendaient entre les deux territoires. Il ajoutait aussi
qu'il avait été un des premiers à recevoir la confidence
des voix qui bruissaient aux oreilles de la jeune bergère, voix qui l'invitaient à sa future mission.

Au rappel de ces faits, que sa mémoire n'avait pas
oubliés, Pierre Darc murmurait :

« Oui, Richard a été pour nous un bon compagnon
d'enfance, Jehanne l'estimait bien. »

Jehan Darc, attentif, silencieux, tenait ses yeux
attachés sur le vieil archer avec une sympathie crois-
sante. Pendant l'échange de ces propos, le dîner se
poursuivait ; des mets divers, des victuailles appétis-
santes se dressaient sur la table. Richard faisait
preuve d'un aussi bel appétit que la veille, et Nicolas
Letordu se livrait à un continu travail de mastication.

Puis à un moment donné, on servit une succulente
rissole de poisson : mélange de la chair de différents
poissons enveloppé d'une croûte dorée de friture. Ce
mets avait été confectionné avec le produit de la pêche
faite par le bossu dans la Loire pendant les heures
matinales. On le complimenta de son adresse. Alors il
se hasarda à proférer les paroles suivantes, qui corres-
pondaient à un secret désir :

« Si, pendant quelques jours, nous devions être les
hôtes du généreux seigneur ici présent, je me ferais
un devoir de lui présenter tous les matins l'hommage
d'une semblable pêche. »

Richard lança un coup d'œil irrité à son serviteur.

« Maître Nicolas, vous vous permettez des réflexions

absolument déplacées; nous partirons ce soir, et nous ferons une chevauchée de nuit. »

Pierre Darc intervint :

« Cher et ancien compagnon d'armes, j'aurais aimé à te garder davantage pour évoquer ensemble les choses du passé. »

Le vieil archer eut un geste de dénégation :

« Il est oiseux de parler du passé, quand le présent est encore plein de menaces. »

Le dîner s'acheva; tous les convives se levèrent.

Alors Richard, après s'être approché d'une des fenêtres et avoir contemplé le paysage verdoyant, ensoleillé, qui se déroulait devant ses yeux, s'écria :

« Ah! la splendide journée! je me propose d'aller visiter les endroits où les Anglais, pendant le siège d'Orléans, avaient disposé jadis leurs bastilles; cela rafraîchira mes souvenirs. »

Puis, s'adressant à Nicolas Letordu :

« Va seller nos chevaux, tu m'accompagneras dans cette sortie. »

Le bossu s'inclina et se retira.

Pierre Darc, s'approchant de son ancien compagnon d'armes :

« Richard, dit-il, demeure ici encore quelques instants. Nous devons avoir un entretien, entretien motivé par les révélations que tu m'as faites hier. »

Le vieil archer eut un geste de contentement :

« Parle, je suis à tes ordres. »

L'épouse, la fille de Pierre sortirent de la salle. Jehan se disposait à les imiter, mais son père le retint d'un geste :

« Reste, tu dois entendre les paroles que je vais dire à notre ami. »

Bien, pensa Richard, il va m'apprendre la résolution que lui inspire la connaissance de la dernière volonté de Jehanne la glorieuse.

En ce moment Pierre Darc avait la physionomie soucieuse, préoccupée; et l'inquiétude de son visage rendait plus visible l'allure maladive, délabrée de sa personne. Puis, lentement, il laissa tomber ces paroles :

« Cher et ancien compagnon d'armes, en te revoyant mon plaisir s'est mêlé d'un regret.

— Un regret? explique-toi.

— Oui, j'ai regretté que les années ne m'aient pas respecté comme elles t'ont respecté. Je regrette que l'âge m'ait apporté la fatigue, la maladie, les infirmités, alors que tu es resté fort et vaillant. Que n'ai-je ta vigueur, ta santé? Alors avec quelle joie j'obéirais à la suprême volonté de ma glorieuse sœur, qui, ayant prévu une guerre entre le roi de France et ses sujets, t'a donné la mission de dire à ses parents qu'elle désirait que ceux-ci aillent offrir leurs services au souverain. Eh bien! regarde-moi : m'accepterais-tu comme compagnon d'armes dans l'état où je suis?... Crois-tu que le roi Louis XI ne sourirait pas de pitié, en voyant un vieillard comme moi venir lui proposer son bras débile? La fatalité m'a condamné à l'inaction; j'en ressens un cuisant chagrin. »

Toute la contenance de Pierre Darc exprimait en ce moment une sincère amertume; et deux larmes roulèrent le long de ses joues amaigries.

Le vieil archer se sentit ému.

« Évidemment, répliqua-t-il, la vieillesse est venue plus tôt pour toi que pour moi ; ceci est une question de chance ou de hasard. Cependant, dans le passé, tu as glorieusement fait ton devoir : tu as vaillamment combattu le bon combat, et tu as acquis le droit au repos. Mais tu as deux fils : ce sont les neveux de Jehanne la glorieuse ; ils peuvent s'employer utilement pour la cause du roi de France. »

Pierre Darc hocha la tête :

« La lutte actuelle n'est pas une guerre nationale, comme celle que nous avons soutenue jadis contre les Anglais. Mon fils aîné a épousé la fille d'un écuyer du duc d'Orléans. Celui-ci, jusqu'à présent, entend rester neutre entre le roi et les grands vassaux. Son écuyer imite cette réserve, et mon fils se conforme à l'allure de son beau-père, tu comprends ?

— Sans doute, ton fils aîné est un homme avisé qui veut rester en paix avec sa nouvelle famille. Mais ton fils cadet, ici présent, n'a pas les mêmes raisons pour observer une semblable attitude. Il ferait un joli chevalier ; monté sur un cheval blanc, et revêtu de l'armure, il donnerait l'illusion de Jehanne ressuscitée, grâce à sa ressemblance avec elle. »

Pierre Darc eut un geste de dénégation :

« Je n'ai pas destiné mon fils au métier des armes ; il ignore même leur maniement.

— Croyez bien, mon père, exclama Jehan, qu'en ce moment je regrette une telle ignorance chez moi. »

Le vieillard se tourna vers son fils :

« Ton regret prouve un esprit courageux ; ton savoir

te destine à une autre carrière : viendra un jour où tu serviras plus utilement le roi de France dans ses conseils que sur le champ de bataille. »

Puis, s'adressant de nouveau au vieil archer :

« Tu le vois, moi seul aurais pu de nouveau devenir ton compagnon d'armes, et une vieillesse prématurée me réduit à l'inaction ; les circonstances sont donc seules fautives.

— Je conçois tes regrets : mon devoir était de te répéter les dernières volontés de Jehanne échangées avec moi dans son cachot ; l'état de ta santé, des circonstances de famille empêchent aujourd'hui les parents de la Pucelle d'Orléans de servir le fils de Charles VII dans sa lutte contre les grands vassaux, c'est fâcheux, très fâcheux. Maintenant je te promets de ne plus revenir sur ce sujet... dans quelques heures, je prends congé de toi. »

De nouveau le silence tomba dans la salle.

Pierre Darc et son fils demeuraient graves, songeurs.

Debout dans l'encadrement d'une fenêtre ouverte, Richard contemplait toujours avec ravissement le paysage ensoleillé qui se déroulait devant lui, semblable à un splendide décor.

« Dans ce pays, comme la nature est toujours belle ! cria-t-il d'une voix vibrante. Quels souvenirs de jeunesse éveille dans ma mémoire la contemplation de ces rives de la Loire ! Pierre, te rappelles-tu la journée du 29 mai 1429 quand l'armée de Charles VII quitta Blois pour venir au secours d'Orléans ? Nous étions tous groupés autour de Jehanne, qui nous avait communiqué sa foi, son enthousiasme. Il faisait une pareille splendeur de temps; un pareil soleil éclairait notre marche. Je veux revoir l'endroit où notre armée a fait halte et la place où Dunois s'est avancé à la rencontre de Jehanne pour la prier d'entrer avec lui dans Orléans. »

Et, comme le vieil archer se disposait à sortir de la salle, Jehan, s'approchant de lui, demanda :

« Voulez-vous me permettre de vous accompagner dans ce pieux pèlerinage? »

Richard regarda le jeune homme.

« Savez-vous donc monter à cheval? Je vous préviens qu'il faut savoir bien se tenir en selle pour suivre un cavalier comme moi. »

Jehan sourit :

« Vous jugerez si je sais conduire un destrier.

— Allons, je ne demande pas mieux que de vous avoir pour compagnon de route. »

Les deux hommes sortirent de la salle. Dans la cour du château se tenaient deux chevaux sellés sous la garde de Nicolas Letordu attendant la venue de son maître.

« Tout de suite mon cheval, » commanda Jehan à l'un des serviteurs.

Rapidement le cheval du jeune homme fut amené, sellé, harnaché : c'était un joli animal, de taille moyenne, à l'encolure élégante, aux jambes fines, nerveuses.

Après être sortis de l'enceinte du château, les deux cavaliers s'engagèrent en rase campagne. Malgré la splendeur du soleil, le fond de l'air n'était pas trop

chaud; le voisinage de la Loire jetait quelque fraî-
cheur dans l'atmosphère. Une légère brise agitait les
feuilles des arbres qui se dressaient çà et là. D'abord
le vieil archer et Jehan chevauchèrent en silence,
s'observant à la dérobée. Campé droit sur un cheval
de haute taille et de puissante encolure, malgré sa
barbe et ses cheveux gris, Richard montrait une vigoureuse prestance; on sentait que l'âge ne l'avait pas
entamé. Revêtu de son accoutrement guerrier fière-
ment porté, il figurait bien le type de l'homme d'armes
vaillant et aventureux de cette époque.

En constatant cette allure, Jehan se disait que le
vieil archer, trente ans auparavant, devait être un rude
compagnon et un redoutable adversaire dans une mêlée.

De son côté, le dernier observait le jeune homme;
il se disait mentalement :

Ce garçon se tient bien à cheval; c'est dommage
qu'il n'ait pas été initié au métier des armes, il aurait
fait un joli chevalier.

En effet, Jehan, habillé d'un justaucorps de drap
bleu, de haut-de-chausses en même étoffe, avec des
jambières de cuir fauve montant jusqu'aux genoux, et
coiffé d'un toquet rouge d'où s'échappaient de longs
cheveux bruns, offrait le type accompli d'un gentil
damoiseau.

A quelque distance en arrière, monté sur un cheval
gris de massive allure, suivait Nicolas Letordu. En ce
moment, la figure du bossu exprimait une mauvaise
humeur manifeste.

« Quelle singulière idée, murmurait-il, a eue messire
Richard de m'emmener dans cette promenade qui ne

m'intéresse pas du tout! Le soleil qui flambe là-haut rend mon casque aussi chaud qu'une poêle placée sur le feu. Après le succulent dîner que nous avons fait, comme j'aurais mieux aimé m'étendre sur l'herbe, pour me livrer aux douceurs de la sieste! »

Jehan offrait le type accompli du gentil damoiseau.

Le vieil archer et Jehan avaient atteint le chemin de halage qui courait le long de la Loire. Les ondes paisibles du fleuve, frappées par les rayons du soleil, brillaient comme un miroir. Derrière les deux cavaliers, du côté droit, vers la ligne de l'horizon se montraient les remparts, les clochers des églises, les toits des maisons d'Orléans; plus loin se dressait le

pont de Blois, qui reliait les deux rives du fleuve ; puis,
en face, de l'autre côté de la Loire, se déroulaient des
champs, des plaines, avec des groupements d'habita-
tions, avec des bouquets d'arbres çà et là.

Richard avait arrêté son cheval sur le chemin de
halage, fouillant des yeux le paysage environnant, évo-
quant dans sa mémoire le souvenir des scènes où il
avait été acteur et témoin, et il disait à son jeune compagnon :

« Certes, trente-cinq ans écoulés ont changé bien
des choses en ces lieux ; mais l'ensemble du pays est
resté le même, et ma mémoire évoque aisément les
péripéties de la marche de notre armée pendant la
journée du 29 mai 1429. »

Jehan, les yeux allumés par la curiosité, répondit :

« Souvent mon père m'a raconté la marche de
l'armée française de Blois à Orléans. Vous qui avez
participé à ces glorieuses journées, dites-moi si votre
mémoire ne vous fournit pas quelques détails qui ne
m'ont pas encore été révélés. Ainsi, est-il vrai que
lorsque l'armée fut arrivée dans la plaine qui s'étend
là-bas, au delà du fleuve, Jehanne voulut qu'on fran-
chît immédiatement le pont d'Orléans, et qu'on marchât
sur les Anglais qui avaient élevé une bastille, là, sur la
hauteur ? »

En proférant ces paroles, le jeune homme dési-
gnait un espace de terrain qui, à partir du fleuve,
montait vers Orléans. Le vieil archer, maintenant
son cheval immobile, inspectait la configuration des
lieux.

« En effet, dit-il, les Anglais, au delà du pont d'Or-

léans, avaient construit plusieurs bastilles destinées
à favoriser leurs attaques contre la ville, dont l'inves-
tissement n'était pas encore complet. Nous avions
quitté Blois le 28 mai. Le lendemain matin toute
l'armée, — douze mille hommes environ, — débou-
chait dans ces plaines qui s'étendent devant nous sur
l'autre rive de la Loire. En tête, marchaient des prêtres
qui entonnaient l'hymne *Veni Creator*. Ces chants
sacrés nous remplissaient d'enthousiasme, augmentaient
encore notre ardeur guerrière. Puis venait Jehanne,
montée sur un cheval blanc, revêtue d'une armure
d'acier si poli qu'elle était presque aussi blanche que
son coursier. Elle était entourée de la maison militaire
que Charles VII lui avait constituée. Dans cette escorte
se trouvaient votre père, votre oncle Jacquemin Darc
et moi. Enfin, aux côtés de la bergère devenue un des
chefs de l'armée royale marchaient deux écuyers portant sa bannière.

« Quand nous fûmes arrivés dans ces plaines que
vous voyez là-bas, les capitaines commandèrent une
halte. Nous avions emmené de Blois un convoi com-
posé de grains, de fourrages, de bestiaux, destinés au
ravitaillement de la cité assiégée. Jehanne ignorait la
configuration exacte du pays où nous marchions.

« Au départ de Blois, elle avait demandé qu'on suivît l'itinéraire qui nous conduirait le plus tôt possible
sous les murs d'Orléans, circonstance qui devait nous
mettre de suite aux prises avec les Anglais.

« Tous, nous avions l'ardent désir de nous mesurer
promptement avec l'ennemi. Mais Jehanne s'aperçut vite
qu'il y avait entre notre petite armée et les Anglais la

largeur du fleuve, car au lieu de prendre la rive droite, où se trouve Orléans, on avait cheminé sur la rive gauche; alors la vaillante fille montra du désappointement, et elle manifesta son irritation. Et comme, pour l'apaiser, les capitaines lui disaient que si on avait choisi tel chemin, c'était par mesure de prudence, pour empêcher le convoi de tomber peut-être au pouvoir des Anglais, et aussi pour ménager la vie des hommes.

« Alors Jehanne leur répondit :

« — Le conseil de Dieu, dont je suis inspirée, est plus sûr et plus sage que le vôtre; vous avez pensé me décevoir et vous êtes déçus vous-mêmes, car j'apporte le meilleur secours que eut oncques chevalier, ville ou cité, je veux dire le plaisir de Dieu et le secours du Roi des cieux. »

« Oui, continua le vieil archer, la figure exaltée par le rappel de ses souvenirs passés, je revois par la pensée toutes ces scènes! Quelle animation! quel bruit, quelle confiance chez ces hommes pour lesquels Jehanne était la libératrice envoyée par Dieu! Ah! croyez-moi, mon jeune ami, c'est une belle chose la guerre quand elle s'inspire de tels mobiles, quand elle se produit au milieu de semblables circonstances.

— Quoique ces détails m'aient déjà été révélés, je vous écoute avec plaisir, répliqua Jehan; mais avez-vous la croyance que si l'armée de Charles VII s'était engagée de suite sur le pont d'Orléans, les Anglais n'eussent pas réussi à arrêter sa marche et à empêcher son entrée dans la ville? »

Richard eut un geste de dénégation:

« Jehanne avait enflammé nos hommes d'une telle confiance, d'un tel enthousiasme, que nous eussions passé victorieusement, comme une trombe qui jette tout bas sur son passage. Les Anglais, prévoyant cette éventualité, n'étaient pas rassurés; aussi avaient-ils dégarni les bastilles des Augustins et des Tourelles pour concentrer tout leur monde dans la bastille principale qui défendait l'entrée du pont. Enfin les habitants d'Orléans, prévenus de notre arrivée, nous eussent tendu la main. »

Alors Richard remit son cheval au pas, son compagnon l'imita; et ils chevauchèrent le long du chemin de halage.

Bientôt le vieil archer renoua ainsi l'entretien :

« En ce moment, nous faisons au bord de la Loire la marche suivie par notre armée dans la journée du 29 mai, avec cette différence cependant que la marche fut exécutée sur la rive opposée de la Loire. Le terrain qui nous entoure était occupé par les Anglais, et comme ceux-ci eussent pu inquiéter par leurs projectiles l'armée en marche, nos capitaines eurent soin de faire cheminer les hommes un peu en arrière des bords du fleuve. Maintenant je vais vous conduire dans l'endroit où l'armée royale fit une seconde halte, avant de pénétrer dans Orléans.

— Alors, nous allons au pont de Chécy? dit Jehan.

— Précisément. »

Et les deux cavaliers continuèrent leur chevauchée en avant. Nicolas Letordu les suivait à une distance qui s'allongeait de plus en plus; car, à mesure que la course se prolongeait, sa mauvaise humeur augmentait.

« Quelle chaleur ! grommelait-il ; combien cette chevauchée par ce grand soleil me semble inopportune ! Si j'avais été bien avisé, j'aurais emporté mes engins de pêche, et j'aurais pris dans la Loire les éléments d'une rissole aussi succulente que celle que nous avons mangée ce matin. J'en aurais été quitte pour dire à messire Richard que mon cheval, pris d'une crampe subite, avait refusé d'avancer. »

Au bout de trois quarts d'heure de chevauchée, Jehan et son compagnon atteignirent le village de Chécy, agglomération de masures bâties sur les deux rives de la Loire. En cet endroit se montrait un pont, moins important que celui d'Orléans. Plus loin coulait un canal qui, pour les besoins de la navigation, mettait en communication directe Orléans avec le fleuve. Quelques grosses barques étaient amarrées sur les berges, tandis que d'autres embarcations remontaient vers la ville, ou descendaient dans la direction de la Loire. Des mariniers circulaient sur les bords du canal ; çà et là se dressaient de modestes bâtisses égayées par des bouquets d'arbres.

L'endroit avait l'animation d'un petit port.

Ce spectacle, avec lequel il était familier, laissait Jehan indifférent, mais il parut intéresser les regards du vieil archer.

Après avoir arrêté son cheval, et désignant de la main tout l'espace qui se déroulait au delà du pont de Chécy :

« Le trajet, dit-il à son jeune compagnon, que nous

venons d'exécuter en moins d'une heure, l'armée
royale employa quatre heures à l'accomplir. Sans être
inquiétés, nous avions amené jusqu'à Chécy le convoi
de vivres destinés à ravitailler Orléans. Faute de forces
suffisantes, les Anglais n'avaient pu occuper tout ce côté
de la Loire; l'accès de la ville était donc encore libre
par le canal et la route qui le borde. La difficulté était
d'embarquer les vivres sur des bateaux qui devaient
les conduire à Orléans; car, à ce moment, les eaux du
fleuve étaient un peu hautes et les vents contraires.
Jehanne, avec une escorte, franchit le pont de Chécy;
le brave Dunois, enfermé dans Orléans et prévenu de
l'arrivée de la libératrice, était venu l'attendre avec
quelques capitaines.

« — Êtes-vous Dunois, le bâtard d'Orléans? demanda
Jehanne quand celui-ci l'aborda.

« — Oui, et je me réjouis de votre venue.

« — Est-ce vous, ajouta la vaillante fille, qui avez
donné le conseil de me faire venir ici par ce côté de
la Loire, et non par celui où se trouvent Talbot et les
Anglais? »

« Alors Dunois répliqua que d'autres capitaines et
lui avaient donné semblable conseil, croyant mieux faire
et plus sûrement.

« Et Jehanne répéta les paroles qu'elle avait dites
précédemment :

« — Le conseil de Dieu est plus sage que le vôtre,
et je vous amène le meilleur secours, celui du Roi des
cieux. »

« Au même moment, une circonstance parut confir-
mer cette parole. Tout à coup, le vent changea, devint

propice, et les bateaux venant d'Orléans se montrèrent. On y plaça la charge du convoi : vivres, blé, bestiaux ; puis la flottille redescendit la Loire, comme elle l'avait montée, par le canal ; le convoi ainsi embarqué atteignit la pointe orientale de la ville, où on le déchargea.

« Il demeurait impossible de faire passer toute l'armée royale sur le pont de Chécy, et les moyens manquaient pour construire immédiatement un pont de bateaux. Donc, pour opérer le passage, l'obligation s'imposait de regagner le pont d'Orléans d'où l'on venait ; et les capitaines proposèrent de reconduire leurs hommes vers cet endroit. Dunois priait Jehanne de venir se montrer avec lui à Orléans le soir même, car la ville assiégée l'attendait impatiemment, et eût cru ne rien avoir en recevant des vivres sans elle.

« La vaillante fille, encore irritée, se montra d'abord indécise, ne pouvant se décider, ni à laisser partir les siens, ni à les suivre.

« — Je ne viens pas seulement pour ravitailler Orléans, s'écria-t-elle, mais aussi pour le sauver. »

« Avec quel accent elle disait de telles paroles ! »

Jehan, attentif, silencieux, écoutait religieusement le vieil archer. Après une pause, comme pour interroger sa mémoire, ce dernier continua ainsi :

« Si mes souvenirs sont fidèles, Jehanne se tenait à cheval, entourée de son escorte, à peu près à la place où nous sommes arrêtés en ce moment ; plus loin se trouvait Dunois et, tout là-bas, au delà du port, étaient les hommes de l'armée royale, grandement désappointés de ne pouvoir franchir la Loire. Cette évidence causait une vraie douleur à Jehanne; elle voyait les siens préparés comme elle l'avait voulu, de bonne volonté pour férir les Anglais, et elle redoutait qu'elle partie leur foi ne vînt à se dissoudre. Cependant, comme Dunois insistait pour qu'elle se rendît à Orléans avec lui, elle se décida à le suivre, mais elle laissa à ses hommes sa bannière, son aumônier et les prêtres qui les entretenaient dans leurs pieux exercices.

« Après une halte de quelques heures au château de Reuilly, situé sur la route de la Loire à Orléans, Jehanne fit son entrée dans la ville, vers huit heures du soir. Armée de toutes pièces, montée sur son cheval blanc, elle avançait précédée de son oriflamme, ayant à sa gauche Dunois richement armé et derrière plusieurs nobles seigneurs avec quelques hommes de la garnison et de la bourgeoisie d'Orléans, venus pour lui faire cortège.

« Sur le passage de la vaillante fille, quel concours de foule ! quel empressement de la part du peuple accouru à sa rencontre ! Tout ce monde sortait des rues, des maisons avec des torches allumées et manifestait une aussi vive joie que s'ils avaient vu descendre Dieu ! Hommes, femmes, petits enfants, se pressaient autour de la libératrice, cherchant à la toucher ou à toucher son cheval.

« Ils l'accompagnèrent ainsi à l'église principale où elle voulut, avant toute chose, aller rendre grâces à Dieu; puis jusqu'à l'hôtel de Jacques Boucher, trésorier du duc d'Orléans, où elle reçut l'hospitalité avec une partie de son escorte.

« Quelques jours plus tard, le 8 mai, les Anglais

battus, vaincus, abandonnaient le siège d'Orléans...
Tous ces faits glorieux, vous les connaissez, n'est-ce
pas? conclut Richard; mais en ce moment il m'est
doux de les évoquer, cela me permet d'évoquer le
passé dans le cadre où ils se sont accomplis. Maintenant, nous allons regagner le château de Baigneau;
servez-moi de guide, car j'ignore la route. »

Alors, tournant le dos à la Loire, les deux cavaliers
s'engagèrent dans un chemin montant qui contournait
les remparts d'Orléans. Le vieil archer, absorbé sans
doute par le rappel de ses souvenirs, gardait le silence;
Jehan observait la même attitude.

Après une heure de chevauchée, ils arrivèrent à un
entrecroisement de routes.

« Quel chemin prenons-nous? demanda Richard.

— Celui-ci, qui s'ouvre sur notre gauche. »

Et les deux hommes continuèrent leur course.

Bientôt Jehan dit à son compagnon :

« Dans le dernier entretien que vous avez eu à
Rouen avec Jehanne la glorieuse, elle vous a bien
assuré que ses *Voix* lui prédisaient qu'une guerre éclaterait un jour entre le roi de France et ses sujets ?

— Certes oui, répliqua Richard.

— Elle vous a bien dit qu'elle voulait que ses frères
ou leurs fils, dans cette circonstance de guerre, prissent
parti pour le roi et l'aidassent dans la revendication de
son bon droit?

— Je jure que Jehanne a exprimé pareille volonté;
sur ce point ma mémoire ne se trompe pas. »

Alors Jehan ajouta d'une voix grave :

« Vous avez annoncé à mon père que vous compliez

vous remettre en route ce soir. Je vous demande comme un service d'ajourner votre départ à demain. »

Le vieil archer regarda son jeune compagnon avec une nuance de surprise :

« Pour quelle raison me demandez-vous de mettre un retardement à mon départ?

— Peut-être d'ici demain un changement sera survenu dans les intentions de mon père; mais ne me questionnez pas davantage.

— Je ne veux vous causer aucun déplaisir, je ne partirai que demain; j'en serai quitte pour accélérer mes étapes. »

Bientôt les deux cavaliers arrivèrent en vue du château de Baigneau.

« Ouf! nous voilà enfin de retour, grommela Nicolas Letordu, ce n'est pas fâcheux. Cette promenade sur les bords de la Loire ne m'a pas réjoui du tout. »

IV

Le soir de ce même jour, pendant le souper, Richard
dit à Pierre Darc :

« Réflexion faite, je ne me mettrai en route que
demain; la course que j'ai faite avec ton fils sur les
bords de la Loire a fatigué mon cheval; il a besoin de
repos. »

A l'audition de ces paroles, une expression de contentement apparut sur le visage de Nicolas Letordu.

« Messire Richard, s'écria-t-il, voilà une sage résolution : mon cheval comme le vôtre a besoin de repos;
avec deux montures aussi fatiguées nous aurions fait,
cette nuit, une piteuse chevauchée. »

Le vieil archer lança un regard irrité au bossu :

« Maître Nicolas, je ne vous ai pas invité à prendre
la parole : ne retombez plus dans pareille licence. »

Pierre Darc répliqua alors :

« Ta décision me fait infiniment plaisir, puisqu'elle
me permet de jouir encore pendant quelques heures

de la présence d'un ancien compagnon aussi amical
que toi. »

Quant à Jehan, il avait envoyé à Richard un expressif regard de remerciement.

Le lendemain matin, vers six heures, comme Pierre
Darc, déjà habillé, se disposait à sortir pour aller
faire une inspection agricole ; car, répétons-le, il tirait
le plus clair de son revenu de la culture des terres
environnant le château de Baigneau, et de l'exploita-
tion de l'île aux Bœufs sur la Loire ; alors il vit
entrer son fils. Jehan avait le visage grave, le maintien
sérieux.

« Mon père, dit-il, je vous prie de retarder votre
sortie et de m'accorder un entretien, car j'ai des choses
importantes à vous dire. »

Le vieillard considéra le jeune homme d'un air un
peu surpris ; puis, après s'être assis sur un escabeau de
chêne sculpté, il répliqua :

« Je t'écoute, mon cher enfant ; au moins rien de
fâcheux n'est survenu en notre logis depuis hier ? »

Jehan, demeuré debout au milieu de la pièce, fit un
signe négatif ; puis il dit :

« D'abord une question, mon père : estimez-vous
l'archer Richard, votre ancien compagnon d'armes,
notre hôte actuellement, homme probe et loyal ? »

Pierre Darc eut un sursaut :

« Ah çà ! déraisonnes-tu pour m'adresser semblable
question ? Réfléchis que Richard a été un des hommes
d'élite choisis par le capitaine Baudricourt pour accompagner Jehanne de Vaucouleurs à Chinon ; il est devenu
le frère d'armes de celle-ci et le mien ; il s'est toujours

montré soldat vaillant dans nos rencontres avec les Anglais ; d'après ces précédents, conclus.

— En effet, le visage de cet homme exprime d'évidente façon le courage et la loyauté. Alors vous ne doutez pas qu'il n'ait dit la vérité, quand il nous a rapporté les paroles échangées avec votre glorieuse sœur pendant son dernier entretien avec elle, dans le cachot du château de Rouen ? »

Le vieillard fit un geste affirmatif :

« Malgré les années écoulées, la mémoire d'un homme n'oublie pas des paroles dites dans une circonstance aussi mémorable. D'ailleurs quel intérêt aurait-il à nous rapporter des propos que Jehanne n'aurait pas tenus ?

— J'ai pareille persuasion, mon père ; et j'ai aussi la croyance que la dernière volonté de notre glorieuse parente, — volonté énoncée quelques jours avant sa mort, — est pour nous un ordre absolu, un devoir sacré : l'un de nous doit servir le roi Louis XI dans sa querelle avec les grands vassaux. »

Le vieillard secoua la tête :

« Il y a des circonstances plus fortes que la volonté des morts, et qui réduisent les vivants à l'impuissance. Hier, devant toi, j'ai expliqué à Richard les motifs qui nous empêchent d'obéir à la volonté suprême de celle que nous regretterons toujours.

— Depuis hier, mon père, j'ai beaucoup réfléchi au sens de vos paroles. Sans doute, votre âge et l'état de votre santé vous empêchent de reprendre le métier des armes ; mon frère aîné, qui a contracté mariage, n'a plus son indépendance ; mais moi je suis libre, disponible ; je peux aller offrir mes services au roi de France. »

Pierre Darc se prit à sourire :

« Eh ! mon cher enfant, ton désir émane d'un cœur bien intentionné, mais tu n'as pas appris le métier des armes, un métier qui a besoin d'être appris de bonne heure. Sais-tu le maniement d'une épée, l'usage de la lance ? le poids d'une armure serait bien lourd pour tes épaules. Certes, j'ai l'ambition que tu serves un jour notre bien-aimé roi, mais ce ne sera pas dans la guerre. »

A mesure que le vieillard proférait ces paroles, le visage du jeune homme devenait plus grave.

« Je sais bien me tenir à cheval, répliqua-t-il, votre ancien compagnon d'armes m'a loué de mon aisance à conduire un destrier ; le maniement de l'épée, de la lance s'apprend facilement quand on a du bon vouloir. Je suis plus robuste que je n'en ai l'apparence, et le poids d'une armure ne sera pas trop lourd pour mes épaules. Je vous en prie, mon père, autorisez-moi à partir avec l'archer Richard, à rejoindre dans sa compagnie le camp de Louis XI ; je vous promets d'essayer de faire honneur à notre glorieux nom. »

Alors Pierre Darc eut un geste bref de dénégation :

« N'insiste pas, ma résolution est formelle : la guerre est trop brutale, tu serais brisé ; tu m'es cher, je veux te garder. »

Et le vieillard se leva pour quitter la chambre, mais au moment où il allait ouvrir la porte, Jehan ploya un genou devant lui.

Et le père surpris demanda :

« Que fais-tu? pourquoi cette posture?

— Mon père, pardonnez-moi par avance une faute
que je vais commettre.

— Une faute? Je ne comprends pas. »

D'une voix émue, le jeune homme poursuivit :

« Mon père, pardonnez-moi par avance une faute que je vais commettre. »

« Vous m'avez souvent raconté que votre glorieuse
sœur avait éprouvé un regret cuisant d'avoir désobéi
à ses parents, lorsque, malgré leur volonté, elle quitta
Domremy pour aller à Vaucouleurs, puis à Chinon,
où se trouvait Charles VII. Je me dispose à commettre
semblable désobéissance. Malgré votre défense, je
vais quitter votre demeure pour aller rejoindre l'armée
du roi. »

5

Un éclair de colère brilla dans les yeux de Pierre Darc :

« Tu ne partiras pas. Je te le défends! »

Jehan s'était relevé, et sa contenance annonçait une résolution virile.

« Mon père, laissez-moi vous dire que vous ne voyez pas où est le devoir en cette circonstance. Notre famille doit trop au père de Louis XI pour que l'un de nous n'aille pas offrir ses services à celui-ci; nous devons trop à la mémoire de Jehanne la glorieuse pour laisser sa dernière volonté non obéie; je partirai donc avec votre ancien compagnon d'armes, l'archer Richard. »

C'était la première fois que Pierre Darc constatait chez son jeune fils pareil langage et pareille attitude; cette rébellion contre son autorité suscitait sa colère.

« Ne me brave pas, cria-t-il, je t'enfermerai, s'il le faut.

— Précaution inutile. Je saurai m'évader comme autrefois Jehanne réussit à s'enfuir de la maison paternelle.

— Maintenant, continua le vieillard, je discerne le motif de ta conduite. Dans cette promenade faite hier sur les bords de la Loire, Richard t'a invité à le suivre; il t'a suggéré la désobéissance.

— Vous vous trompez, mon père. Votre ancien compagnon d'armes, après avoir rappelé quelques épisodes glorieuses du siège d'Orléans, m'a dit ceci : La guerre est souvent une belle chose. »

Pierre Darc secoua la tête avec mélancolie :

« Moi aussi, j'ai eu ce sentiment... Oui, la guerre est une belle chose dans les jours de victoire et de triomphe, quand, sur les champs de bataille, les hommes d'armes, exaltés par l'ivresse du combat, poussent autour de vous des clameurs joyeuses, quand l'ennemi fuit à l'horizon. Certes, j'ai partagé ces enthousiasmes. Puis, un jour, est venue l'horrible défaite, la fatalité abominable qui a effacé en moi toutes ces visions; et je n'ai plus aimé la guerre.

— Je le sens, murmura Jehan, pareil changement est survenu en vous depuis le jour où Jehanne a été faite prisonnière devant Compiègne.

— Tu dis vrai. Bien des années se sont écoulées depuis cette douloureuse aventure; ma mémoire n'en a oublié aucun détail, et ton attitude m'oblige aujourd'hui d'évoquer de nouveau ce cruel souvenir. »

Jehan fit un geste de dénégation :

« Je vous en prie, mon père, ne rappelez pas cet événement, je sais combien son souvenir vous est pénible.

— Si fait, insista le vieillard, tu dois savoir pourquoi, après avoir été dans ma jeunesse un vaillant homme d'armes, aimant la bataille, je n'ai pas voulu que mes fils fussent initiés au métier de la guerre. C'est dans la fatale journée du 24 mai 1430 que la guerre m'est apparue dans toute sa laideur, dans toute sa férocité. Donc, dans ce jour maudit, Jehanne, entrée le matin dans Compiègne, après être venue de Crespy avec six cents hommes d'armes, voulut essayer de dégager les alentours de la ville assiégée, serrée de près par les Bourguignons et les Anglais coalisés. Vers

cinq heures, la glorieuse fille sortit de Compiègne
avec sa petite troupe et se lança dans la plaine qui
s'étend devant la rivière de l'Oise. Je me tenais à côté
de ma sœur avec les chevaliers composant son escorte
habituelle. Guillaume Flavy, le gouverneur de la place
assiégée, avait placé un certain nombre d'archers dans
des bateaux flottants sur l'Oise. Ils avaient mission
d'envoyer des projectiles sur l'ennemi, si celui-ci
approchait trop près du pont qui donnait passage dans
la plaine.

« D'abord nos hommes d'armes culbutèrent les
postes avancés des Bourguignons qui s'enfuirent devant
l'impétuosité de cette attaque. Mais plus loin étaient
campés les Anglais; et ceux-ci, après avoir rallié les
fuyards et s'être joints à eux, fondirent sur nous en
nombre considérable. Alors la partie ne fut plus égale,
les nôtres lâchèrent pied en s'enfuyant vers la ville
pour y trouver refuge.

« A la vue de cette débandade, Bourguignons et Anglais
activèrent leur poursuite et, pêle-mêle, les combattants arrivèrent sur les bords de l'Oise où la lutte se
continua, à notre grand désavantage.

« Jehanne, désespérée de la tournure que prenait
l'affaire, combattait à l'arrière-garde; et nos hommes
d'armes la suppliaient de les suivre, ne voulant pas
encore abandonner le terrain de la lutte.

« — Taisez-vous, criait-elle, ne pensez qu'à férir
sur les Bourguignons et les Anglais. »

« Comme ces fières paroles n'arrêtaient pas la fuite
des siens, elle fut forcée de battre en retraite, mar-
chant la dernière et soutenant l'effort des assaillants.

Ceux-ci, ardents à la poursuite, se portèrent en hâte vers le pont pour en disputer le passage aux fuyards. Alors, tu le sais, il arriva ceci : Guillaume Flavy, gouverneur de Compiègne, craignant que Bourguignons et Anglais n'entrassent dans la place avec les siens, fit lever le tablier du pont. Ah! l'abominable fatalité!... Jehanne, avec son escorte, resta dans l'impossibilité de rentrer dans la ville, acculée à la levée de la chaussée et au fossé du boulevard. Dans ce jour de bataille, elle portait une écharpe rouge qui la fit reconnaître; la perspective de s'emparer de sa personne excitait l'ardeur de nos ennemis, malgré les coups d'épée et de lance que nous distribuions pour empêcher qu'on la serrât de trop près.

« Quelques cavaliers bourguignons, exaltés par le désir d'une telle capture, fondirent sur son cheval, chacun criant :

« — Rendez-vous à moi et me baillez votre foi. »

« Et Jehanne répondait à ces forcenés :

« — J'ai juré et baillé ma foi à un autre qu'à vous, et je lui tiendrai mon serment! »

« Le chevalier qui portait sa bannière tomba mortellement blessé; et la bannière d'Orléans, de la bataille de Patay, du siège de Paris, fut ramassée par un Bourguignon. Je compris que c'était la fin; derrière nous le pont-levis, qui, s'il avait été abaissé, nous aurait permis de rentrer dans Compiègne, restait toujours levé. Parmi nos hommes, beaucoup s'étaient jetés dans l'Oise pour éviter les coups de l'ennemi et s'efforçaient de gagner l'autre rive à la nage. Enfin les archers postés dans les bateaux sur la rivière n'osaient envoyer leurs projectiles, de peur d'atteindre les nôtres confondus avec les Anglais et les Bourguignons... Oui, l'heure de la catastrophe était bien arrivée. »

Souvent déjà Pierre Darc avait fait à son fils le récit de la défaite de Compiègne; mais, dans ce jour, il évoquait ces douloureux souvenirs avec un visage si convulsé, une voix si émue, que Jehan, péniblement impressionné, cria :

« Mon père, je vous en prie, cessez de parler, ces souvenirs vous font trop de mal. »

Le vieillard eut un geste d'autorité :

« C'est ta menace de désobéissance, méchant enfant, qui m'oblige à te rappeler encore une fois ces faits... Or, parmi les cavaliers bourguignons qui serraient Jehanne de près, était un homme de figure sinistre avec des cheveux roux, une barbe de même couleur et des yeux luisants de convoitise. Ce cavalier s'appelait le bâtard de Wandôme, un des chevaliers du duc de Luxembourg. Comme il galopait en tête de ses compagnons, impétueusement il lança son cheval contre celui de Jehanne.

« — Rendez-vous! » lui cria-t-il d'une voix furieuse; et, d'une main brutale, saisissant la longue jupe de la vaillante fille, il la jeta bas de sa monture.

« Le bâtard de Wandôme proféra alors cette exclamation de triomphe :

« — Elle est à moi ! c'est ma prisonnière, que personne n'y touche. »

« Il était abominable à voir, cet homme. Jamais je n'ai oublié sa hideuse figure ! La capture de Jehanne nous avait consternés à un tel point, que nous devînmes prisonniers sans même essayer de faire une dernière fois usage de nos armes. Avec quelle douleur je vis emmener Jehanne par le bâtard de Wandôme !

« Les cavaliers bourguignons remplirent l'air de leurs cris de joie : une telle prise valait pour eux le gain d'une bataille. »

Pierre Darc se tut, la tête inclinée sur la poitrine, le cœur contristé par l'évocation de tels souvenirs. Puis il ajouta à demi-voix, comme parlant à lui-même :

« Dans ce jour, la guerre me parut si cruelle, si féroce, que je l'ai détestée; et je n'ai pas voulu que mes fils apprissent le métier des armes. »

Un nouveau silence tomba dans la chambre.

La contenance, les paroles de son père, impressionnaient Jehan sans ébranler sa résolution.

Et, après une pause, gravement il répliqua :

« C'est la guerre qui a fait Jehanne glorieuse, c'est la guerre qui a fait sa mémoire immortelle; sa mort l'a faite sainte et martyre : tout est bien, mon père. »

Alors Pierre Darc se leva de son siège et, s'étant approché de son fils, l'attira sur sa poitrine, murmurant ces paroles :

« La guerre a suffisamment illustré notre famille ; il y a assez de gloire sur notre nom. Pense combien je t'aime, mon pauvre enfant! Si, dans le choc d'une mêlée, tu tombais sous l'épée d'un homme féroce, comme le bâtard de Wandôme! »

Jehan fit un geste de protestation :

« Eh! mon père, la guerre n'a pas toujours que des hasards fâcheux. Et puis, si la circonstance me plaçait en face d'un adversaire tel que celui dont vous avez gardé un sinistre souvenir, je saurais vendre chèrement ma vie.

— Illusion juvénile et généreuse. Renonce à ton projet : jamais je ne consentirai à te laisser partir. »

Après s'être dégagé de l'étreinte paternelle et avec ce ton décidé qu'il n'avait cessé d'avoir pendant tout l'entretien, Jehan répondit :

« La dernière volonté de Jehanne la glorieuse doit être écoutée ; en ce moment, je suis le seul homme disponible de la famille pour exécuter cette volonté. Je partirai avec l'archer Richard. »

La figure du vieillard s'empourpra de colère :

« Assez sur ce sujet ; si tu me désobéis, tu encoureras ma malédiction.

— Ah ! mon père, pria le jeune homme avec un commencement d'effroi, ne prononcez pas de telles paroles, elles portent malheur, et on les regrette. »

Pierre Darc fit un geste impératif :

« Va-t'en, méchant enfant ; cet entretien me brise le cœur. »

Et, précipitamment, le jeune homme sortit de la pièce.

Demeuré seul, le vieillard retomba assis, et se prit à réfléchir. Graduellement, un revirement se faisait dans ses idées.

« J'ai été dur envers ce pauvre enfant, murmura-t-il ; si sa résolution me désole, elle démontre un cœur courageux, un esprit vaillant. Mais il n'a pas conscience de sa faiblesse. Il ne résisterait pas aux fatigues, aux aventures d'une guerre. Que dois-je faire? Combien cruels sont ces moments où on ne sait pas discerner où est le devoir... Dans la circonstance présente, je ne saurais me résoudre tout seul; j'ai besoin de l'avis d'autrui : je vais aller le demander.

Comme il se disposait à sortir, il vit entrer sa femme qui, inquiète de lui, montait dans sa chambre pour avoir de ses nouvelles.

La seconde épouse de Pierre Darc était une excellente personne, aimant tendrement son mari.

Observant la figure soucieuse de celui-ci, elle demanda avec sollicitude :

« Je te vois le visage triste, mon ami, as-tu appris quelques mauvaises nouvelles nous concernant?

— J'ai l'âme en émoi, répliqua amèrement le vieillard; Jehan vient de me causer une peine extrême.

— Que m'apprends-tu? Jehan t'aurait fait du chagrin, lui si respectueux, si aimant.

— Certes, Jehan a ces qualités; mais il est dans l'âge où les jeunes gens ont déjà une volonté; il m'a annoncé une résolution à laquelle il paraît fortement attaché, et qui me désole. »

La figure de l'excellente femme devint inquiète.

« Alors parle, mon ami; raconte-moi ce qui s'est passé entre ton fils et toi, peut-être pourrai-je te bailler un bon conseil. »

Pierre eut un geste soucieux.

« La circonstance est grave, j'ai besoin de l'avis d'un homme habile et prudent; je vais aller trouver, à Orléans, mon confesseur, le père Ambroise. Il connaît bien le caractère et l'esprit de Jehan, puisque c'est lui qui l'a instruit; je lui ferai ma confidence. Le conseil qu'il me donnera, quel qu'il soit, je le suivrai.

— Tu raisonnes sagement, mon ami, va consulter le père Ambroise; c'est un homme avisé, expérimenté; il te dira comment tu dois agir vis-à-vis de Jehan. »

Alors Pierre Darc déposa un baiser sur le front de son épouse; puis il descendit dans la cour du château et ordonna à un de ses serviteurs de seller son cheval.

Ayant enfourché sa monture, le vieillard, le visage toujours soucieux, s'engagea dans la route qui conduisait à Orléans.

V

LE DÉPART

Conformément à la promesse faite à Jehan, l'archer Richard passa toute la journée au château de Baigneau. Mais il était bien décidé à se remettre en route dès le lendemain, à la première heure du jour.

Après son entretien avec son père, Jehan, le cœur serré, l'esprit agité, s'était enfermé dans sa chambre; et Pierre Darc, comme nous l'avons dit plus haut, avait voulu se rendre à Orléans pour consulter son confesseur, relativement à la conduite qu'il devait tenir avec son fils. Alors Richard, pour ne pas rester isolé pendant les heures de la journée, accompagna Nicolas Letordu, qui était descendu sur les bords de la Loire, muni d'engins de pêche, pour se livrer à une capture de poissons, laquelle, selon ses pronostics, devait être abondante.

La journée était belle, comme les précédentes : un soleil radieux dans un ciel sans nuages dorait les eaux de la Loire. Tout ce coin de campagne dégageait cette apaisante sérénité qui donne à l'homme le bien-être moral.

Assis dans une touffe d'herbes sur le bord du fleuve, le vieil archer regardait son écuyer tendre et précipiter ses lignes dans l'eau, échangeant avec celui-ci un dialogue intermittent. Généralement, le bossu était heureux dans sa pêche; il avait le coup d'œil, la patience, le flair des endroits poissonneux. Chaque fois qu'il relevait sa ligne avec une prise, il ne manquait pas de dire :

« Voilà un poisson qui fera partie de la rissole que nous mangerons ce soir au château, car la table est très bonne chez le chevalier du Lys.

— En effet, répliqua le vieil archer, cet excellent Pierre Darc se met en frais pour bien recevoir son ancien compagnon d'armes. »

Et Nicolas Letordu, l'œil fixé sur l'eau, ajouta :

« Je suis même persuadé que le chevalier du Lys aurait grand plaisir à nous donner encore l'hospitalité pendant quelques jours. »

Richard se mit à rire :

« Eh! mon gaillard, je devine ta pensée. Tu aimerais bien que nous prolongions notre séjour au château de Baigneau? »

Le bossu fit un geste d'assentiment :

« Certes, je ne cache pas ce désir; et puis j'aime les bords de la Loire, laquelle est plus poissonneuse que la rivière de notre pays. »

Le soleil commençait à s'abaisser sur l'horizon lorsque Richard quitta la position assise, jugeant la pêche du bossu suffisamment abondante.

« Maintenant, dit-il, reprenons le chemin du château, et que demain nos deux chevaux soient sellés dès la première heure du jour. Nous aurons une rude chevauchée à faire pour rattraper le temps passé ici. »

Dans la salle à manger du château, pendant le souper du soir, le silence régna autour de la table.

Pierre Darc était revenu d'Orléans avec un visage si fermé, si méditatif, que ni sa femme ni son fils n'avaient osé l'interroger. Et pendant le repas il gardait une attitude songeuse, mangeant à peine.

La contenance de son père attristait Jehan, qui demeurait également silencieux. Nicolas Letordu, qui ne perdait pas une bouchée, se disait mentalement :

Ce soir, le chevalier du Lys n'est pas bavard; peut-être éprouve-t-il du regret à nous voir quitter son logis.

De son côté, Richard se posait cette interrogation :

Qu'a donc Pierre? ressentirait-il quelque peine?

Quelques instants plus tard, comme le souper touchait à sa fin, s'adressant directement au maître du logis, le vieil archer proféra ces paroles :

« Cher et ancien compagnon d'armes, je pars demain matin, mais à une heure si matinale que je risque fort de ne pas te voir éveillé; laisse-moi donc t'octroyer tous mes remerciements pour ta bonne hospitalité. Je te dis peut-être au revoir, car si je demeure sain et sauf après la guerre présente, je reviendrai frapper à ta porte, avant de regagner notre pays lorrain. »

Voilà un projet que j'approuve fort, pensa Nicolas Letordu, si nous avons la chance d'éviter les mauvais coups.

Alors Pierre Darc répliqua :

« Tu ne me dois aucun remerciement : l'hospitalité est un devoir, surtout envers un ancien compagnon d'armes... Maintenant, je te prie de retarder ton départ d'un jour encore : sache que tu partiras avec un compagnon, et ce compagnon est Jehan, qui m'a demandé la permission de te suivre, pour obéir ainsi à la dernière volonté de ma glorieuse sœur; tu consens, n'est-ce pas ?

— Certes oui, exclama le vieil archer avec chaleur; voilà une résolution qui vous honore grandement tous les deux. Ainsi le dernier désir de Jehanne aura été exaucé par un de ses descendants. Je te promets de veiller sur Jehan comme s'il était mon propre fils. »

En entendant les paroles de son père, un grand contentement de cœur envahit Jehan, et puis, se levant de son siège, il se précipita vers le vieillard et lui noua ses bras autour du cou.

« Merci, mon père, murmura-t-il d'une voix étranglée par l'émotion, de la permission que vous me donnez de suivre votre ancien compagnon d'armes. J'avais un tel regret de vous avoir affligé ce matin! Mais narrez-moi la circonstance qui a si heureusement changé votre volonté. »

Alors, au milieu du silence de tous, Pierre Darc proféra ces paroles :

« Ta menace de désobéissance m'avait bien peiné; puis je me mis à réfléchir, sentant que j'étais dans une

de ces heures où le devoir est bien difficile à discerner.
Je résolus d'aller à Orléans pour consulter le père
Ambroise, mon confesseur. Après m'avoir écouté, ce
saint homme, qui a été aussi ton professeur, m'a dit
ceci :

« — Dans la circonstance présente, Jehan a raison ;
il agit courageusement en désirant obéir à la dernière
volonté de Jehanne la glorieuse. Son projet de servir
notre bien-aimé roi dans sa querelle contre les grands
vassaux est généreux. J'estime que votre devoir est de
ne pas vous opposer à sa loyale résolution. »

Le cœur triste, je répondis :

« — Votre opinion éclaire ma conscience. Jehan
partira suivant son désir. »

Le père Ambroise reprit :

« — Je pense aussi que vous devez fournir à votre
fils les moyens de se présenter devant le roi Louis XI
d'une façon digne de son nom et de son rang.

« — C'est aussi mon avis ; et, quoique nous ne
soyons pas riches, Jehan ira trouver le roi avec l'équi-
page d'un gentilhomme.

« — Vous devez également, poursuivit le père
Ambroise, donner à votre fils une lettre d'introduction
destinée à être présentée au roi, et dans laquelle vous
direz les qualités de savoir et d'instruction de Jehan.
N'oubliez pas que le roi Louis XI est un souverain lettré.

« — Le conseil est excellent, mon révérend père,
aidez-moi à le réaliser en écrivant vous-même cette
lettre que Jehan présentera au roi. Moi, je ne suis pas
instruit ; et, en fait d'écriture, je ne sais que signer
mon nom. »

« Le père Ambroise me répondit qu'il était heureux de me rendre ce léger service; et, séance tenante, sur une belle feuille de velin, il écrivit, selon son inspiration, la lettre que mon fils doit donner de ma part au roi Louis XI. Cette missive, je l'ai emportée. Jehan en prendra connaissance demain. »

Puis Pierre Darc conclut ainsi, s'adressant à Richard :

« Fais-moi donc la grâce de ne nous quitter qu'après-demain, Jehan a besoin d'une journée pour organiser ses préparatifs de départ.

— Très volontiers, répondit le vieil archer; je suis vraiment content de me remettre en route avec un gentil compagnon comme Jehan. »

Quant à ce dernier, ravi, charmé de la résolution de son père, il répétait :

« Merci, mon père, merci de votre bon vouloir; soyez persuadé que je m'efforcerai de faire honneur à notre nom. »

Le reste de la soirée se passa en propos relatifs au grand événement qui se préparait au château de Baigneau.

Le lendemain, dans la matinée, Jehan et Richard, mandés par Pierre Darc, se rendirent dans la chambre de celui-ci.

Quand ils furent assis, le vieillard leur dit :

« Je vous ai fait appeler afin que Jehan prenne connaissance de la lettre écrite par le père Ambroise, et destinée à notre bien-aimé roi. Tu vas lire, mon enfant, cette lettre à haute voix; il faut que Richard sache aussi son contenu.

— Certainement, appuya ce dernier ; ne serai-je pas en compagnie de Jehan, quand il remettra la missive à notre bon roi Louis XI? »

Alors Pierre Darc, tirant d'un tiroir une feuille de vélin, — pas encore pliée, — la remit à son fils. Celui-ci, d'une voix lente, grave, lut les lignes suivantes, reproduisant l'écriture gothique de cette époque :

« Sire,

« Le plus jeune des frères de Jehanne Darc, Pierre Darc, chevalier du Lys, votre très humble et très fidèle sujet, prend la respectueuse licence d'écrire à Votre Majesté pour solliciter votre précieuse bienveillance en faveur de son fils, Jehan Darc. Je supplie le Roi d'accueillir mon fils avec une bienveillance égale à celle que témoigna autrefois le glorieux Charles VII à Jehanne la Pucelle. Le plus grand désir de mon fils est de suivre Votre Majesté dans la guerre qu'elle soutient, en ce moment, contre les princes et ducs rebelles. Le jeune homme est novice dans le métier des armes ; mais il est instruit, il a du savoir et du bon vouloir. Encore une fois, je supplie Votre Gracieuse Majesté de faire bienveillant accueil à mon fils, en souvenir de Jehanne la glorieuse, en souvenir de la faveur que le roi Charles VII témoigna toujours à notre famille.

« Je prie Votre Majesté d'accepter les vœux sincères pour la gloire de ses armes de son très humble et très fidèle sujet,

« Pierre Darc, chevalier du Lys. »

Quand il eut terminé la lecture de cette lettre, Jehan, très ému, se jeta au cou du vieillard en l'embrassant tendrement.

« Mon père, merci de cette lettre; elle rappelle de tels souvenirs, qu'après l'avoir lue, le roi Louis XI ne pourra faire autrement que de bien me recevoir. »

Richard hocha la tête avec satisfaction; la teneur de la lettre lui plaisait.

« Elle est bien composée, cette épître, dit-il, le père Ambroise est un bon scribe; il a bien fait de mentionner le savoir, l'instruction de Jehan. Louis XI est un roi lettré, savant. Quand il aura interrogé Jehan, peut-être l'emploiera-t-il à quelque besogne d'écritures, ou lui donnera-t-il une de ces missions qui demandent un garçon instruit et avisé.

— Certes, murmura le vieillard, j'aimerais bien que le roi emploie Jehan de telle façon, il courrait moins de risques qu'à faire le coup d'épée. »

Puis, s'adressant au vieil archer :

« Il faudra que tu lui apprennes rapidement le maniement des armes; le pauvre enfant est tout à fait inexpérimenté. »

Les yeux de Jehan brillèrent.

« Soyez sans crainte, mon père, j'ai du bon vouloir et plus de vigueur que je ne le parais; j'apprendrai vite à manier l'épée, à lancer un trait sans manquer le but.

— Et puis, intervint Richard, ton fils aura en moi un professeur expérimenté; son apprentissage ne languira pas. »

Alors Pierre Darc dit d'une voix grave :

« Tu n'as pas encore une épée d'homme d'armes, je vais t'en octroyer une. »

Après avoir soulevé le couvercle d'un long coffre de chêne placé dans un angle de la chambre, il en tira une épée très simple, de forme déjà ancienne.

Et le vieillard poursuivit en ces termes :

« Maintenant, Jehan, agenouille-toi pour recevoir cette épée qui est la mienne. »

Docilement le jeune homme plia un genou devant son père.

« Regarde bien cette épée, fit ce dernier; elle est ordinaire comme celle d'un simple homme d'armes, car je n'avais pas d'autre qualité quand le roi Charles VII, qui n'avait pas encore anobli notre famille, me la donna à Chinon pour servir aux côtés de ma glorieuse sœur. Et, avec cette épée, j'ai vaillamment combattu à Orléans, à la bataille de Patay, au siège de Paris, dans la plaine de Compiègne... Quand je fus fait prisonnier, dans la fatale journée du 24 mai 1430, par le bâtard de Vergy, je dus racheter ma liberté et cette épée du prix de mon patrimoine. Certes, je t'aime bien, mon cher enfant, mais si mon bras était resté assez vigoureux pour me servir avec honneur de cette épée, je ne te la donnerais pas. Que cette arme te soit plus précieuse que si sa lame était de métal d'or, et sa poignée garnie de pierres rares. »

Pieusement Jehan baisa l'épée; puis, se relevant, et d'une voix grave :

« Mon père, je vous promets de porter dignement

cette arme que vous m'octroyez; je n'oublierai jamais
combien vous l'avez glorifiée. »

L'évocation des souvenirs du passé avait tellement
ému Pierre Darc qu'il dut prendre place sur un escabeau pour ne pas défaillir.

Après une pause, s'adressant à Richard, qui, silencieux et attentif, avait écouté le dialogue échangé entre
le père et le fils à propos de la remise de l'épée :

« Sais-tu, demanda-t-il, où se trouvent présentement
le roi et son armée?

— La veille de mon arrivée ici, répondit le vieil
archer, j'ai rencontré un courrier royal que j'ai interrogé; il m'a appris que le roi, après avoir replacé sous
son autorité quelques villes révoltées du Berry, s'était
dirigé vers Riom, en Auvergne... Dis-moi, à quelle
date fixes-tu notre départ?

— Vous vous mettrez en route demain matin. Maintenant, écoute bien cette recommandation que je fais
à Jehan et à toi : sur les confins du Berry et du Bourbonnais se trouve le château du seigneur de Villebraisne; c'est un loyal et vaillant gentilhomme de
mon âge environ, que j'ai rencontré autrefois à la cour
du duc d'Orléans; il m'a toujours témoigné une amitié
que je lui rends bien.

— En effet, interrompit Jehan, vous m'avez souvent
parlé du comte de Villebraisne comme d'un gentilhomme accompli, ayant fait vaillamment son devoir
dans la guerre contre les Anglais. »

Pierre Darc poursuivit :

« Apprenez aussi que le seigneur de Villebraisne
était très apprécié du roi Louis XI, quand celui-ci

n'était encore que grand dauphin ; il l'invitait souvent
à venir le voir dans son gouvernement du Dauphiné.
Cet excellent gentilhomme est père de deux enfants
qui doivent aujourd'hui être de l'âge de Jehan. Souvent il m'envoyait de ses nouvelles ; mais depuis plu-

Pieusement Jehan baisa l'épée.

sieurs mois il ne me donne plus signe de vie ; pourquoi ce silence ? Que lui est-il arrivé ? Je l'ignore. Eh
bien, si pendant votre voyage un hasard de chevauchée
vous conduit à proximité du château de Villebraisne,
allez frapper à la porte du comte, et demandez-lui
quelques heures d'hospitalité en me rappelant à son
amical souvenir.

— Si les circonstances nous le permettent, dit Jehan, nous irons saluer ce digne gentilhomme. »

Richard ajouta :

« Le seigneur de Villebraisne doit être favorable à la cause du roi, puisque celui-ci, étant dauphin, lui témoigna de l'amitié. Nous tâcherons d'orienter notre course vers sa demeure. »

Le lendemain matin, Jehan et le vieil archer étaient prêts pour le départ.

Le jeune homme, habillé d'un vêtement guerrier lui seyant bien, portant à la ceinture l'épée de son père, monté sur un cheval fringant, avait gracieuse tournure.

Un des serviteurs du château de Baigneau, ancien homme d'armes à la tête énergique, au torse vigoureux, l'accompagnait avec le titre d'écuyer; un autre serviteur le suivait, aussi comme varlet, avec mission de veiller sur un mulet chargé de bagages.

Pierre Darc avait octroyé à son fils une bourse garnie de pièces d'or. Richard avait la physionomie joyeuse; il était satisfait d'avoir un compagnon comme Jehan, et la contenance décidée de celui-ci lui faisait bien augurer de l'avenir.

Au moment d'enfourcher son cheval, le vieil archer dit à Pierre Darc :

« Regarde comme Jehan a bonne allure avec ce vêtement guerrier! il me rappelle Jehanne la première fois qu'elle revêtit l'armure et se coiffa du casque.

— Veille bien sur ce cher enfant, répondit le vieillard; s'il lui arrivait malheur, j'en mourrais. »

Richard eut un geste affectueux :

« Je te répète, ton fils devient le mien. Je m'efforcerai de toujours m'interposer entre le danger et lui. »

Dans la cour du château, la sœur de Jehan, la mère de celle-ci et tous les serviteurs étaient rassemblés pour assister au départ des deux compagnons d'armes.

Avant de monter à cheval, Jehan se jeta une dernière fois au cou de son père.

« Certes, j'ai le regret de vous quitter, dit-il; cependant je pars avec un bon espoir au cœur. »

Le vieillard étreignit le jeune homme sur sa poitrine.

« Je partage ton espérance, murmura-t-il; pense à nous dans ta vie nouvelle, comme nous allons penser à toi. »

Alors Richard donna le signal du départ; les deux cavaliers, suivis de leur petite escorte, après être sortis de la cour du château, franchirent le pont-levis, puis ne tardèrent pas à disparaître à un des tournants de la route.

. . . .

Jehan et son compagnon chevauchaient depuis deux jours; aucun incident ne s'était produit depuis leur départ; le temps continuait d'être beau, le soleil pas trop chaud et les grandes routes pas trop poudreuses. A quelque distance, derrière les deux cavaliers, suivaient Nicolas Letordu, l'écuyer et le varlet de Jehan.

Le bossu, s'estimant supérieur aux deux serviteurs du jeune homme, avait avec eux une allure de protecteur dont ces derniers ne paraissaient pas se choquer. Et, en ce moment, il leur tenait des propos dans le genre de celui-ci :

« Certes, il est agréable de chevaucher par un temps semblable, sur une route bordée de grands arbres, dont le feuillage nous garantit contre les ardeurs du soleil. Mais enfin, il ne faut pas nous dissimuler que nous marchons au hasard, car nous ignorons encore le pays précis où se trouvent actuellement le bon roi Louis XI et son armée.

— Bah ! répliqua l'écuyer de Jehan, quand on a de bons chevaux comme les nôtres, on retrouve toujours son chemin. »

Le bossu eut un geste d'assentiment :

« Bien répondu, mon garçon ; le roi de France a assez d'hommes d'armes autour de lui pour attendre patiemment notre arrivée. »

Les propos de Nicolas Letordu étaient exacts.

Jehan et Richard marchaient un peu à l'aventure ; depuis leur départ, aucun indice ne leur avait encore appris le territoire exact où l'armée royale opérait. Après avoir quitté l'Orléanais, ils avaient traversé le pays Blaisois ; et, présentement, ils chevauchaient sur une des grandes routes conduisant vers Tours. Dans les bourgs, dans les campagnes qu'ils venaient de traverser, bourgeois et paysans n'avaient pu leur donner aucune nouvelle au sujet des événements en cours. A peine ces gens paraissaient-ils savoir que la guerre était déjà engagée entre le souverain et quelques-uns des grands vassaux.

« Avant ce soir nous serons arrivés à Tours, disait Richard à Jehan ; dans cette cité on nous renseignera sur le pays où se trouve le roi, et nous pourrons orienter sûrement notre marche ; donc, chevauchons sans inquiétude, car la route est plaisante. »

Le jeune homme eut un geste d'approbation.

En effet, la route où cheminaient les deux cavaliers était une des belles voies de la Touraine, bordée à droite, à gauche, par de grands arbres aux cimes feuillues, épandant sur le sol une ombre favorable. Dans le lointain, sur les côtés, apparaissaient des pièces de terre, des champs bien cultivés et dorés par le soleil. Bientôt, au bout de la route, un nuage de poussière se montra; et un bruissement de roues avec un galop de chevaux se fit entendre.

Richard prêta l'oreille; et, le bruit se rapprochant, il vit s'avancer une voiture légère, affectant la forme d'un chariot.

Sur la banquette de devant était assis un homme dont le costume rappelait la livrée des gens du roi, et un cocher enlevait vigoureusement les chevaux. Autour de la voiture galopaient quatre cavaliers solidement armés.

A cette vue, le vieil archer poussa une exclamation joyeuse :

« C'est un courrier royal portant des lettres et des papiers à destination. Nous allons l'interroger. »

Richard disait vrai : l'homme assis dans cette voiture si rapidement conduite était bien un courrier royal. On sait que Louis XI, reprenant une idée de Charlemagne, établit, le premier, la poste aux lettres en France; et d'abord le souverain se réserva pour lui seul l'usage de ce service.

Les deux compagnons, avec leur escorte, s'étaient

placés au bord de la route pour laisser libre le passage.

Au moment où la voiture passa devant eux, Richard
cria d'une voix vigoureuse :

« Deux volontaires, désireux de rejoindre l'armée
du roi, demandent où elle se trouve présentement? »

A son tour, le courrier cria :

« En Auvergne, devant la ville de Riom. »

Puis la voiture, qui n'avait pas ralenti son allure,
fila comme une flèche.

« Voilà un renseignement précis, dit le vieil archer;
mais, comme nous sommes dans le voisinage de Tours,
je propose de faire une halte dans cette bonne ville.

— Soit, » répliqua Jehan.

Les deux compagnons, après avoir atteint Tours à
la nuit tombante, allèrent demander l'hospitalité à
une confortable hôtellerie; puis ils repartirent le lendemain matin, orientant leur marche vers le Bourbonnais.

Durant les quelques heures passées dans la ville, ils
avaient appris que le duc de Bourbon, le propre beau-
frère de Louis XI qui, le premier, avait donné le
signal de la révolte, venait d'être battu et mis en
fuite; que l'armée royale avait victorieusement occupé
diverses villes du Berry ayant pris parti pour les
princes révoltés.

VI

LE FRÈRE ET LA SŒUR

A l'époque où se passait ce récit, à quelques heures de Moulins, sur le plateau d'une colline dominant une jolie vallée, se dressait alors le château de Ville-braisne.

Depuis deux siècles, cette demeure seigneuriale, d'aspect sévère, était la demeure des comtes de Ville-braisne. Ceux-ci, de père en fils, avaient été de vaillants et loyaux chevaliers, toujours fidèles serviteurs des rois de France. Un comte de Villebraisne avait été fait prisonnier avec saint Louis dans la seconde croisade organisée par le pieux monarque. Pendant la guerre de Cent ans contre les Anglais envahisseurs de la France, ces braves gentilhommes avaient courageusement combattu. Enfin, le dernier comte de Ville-braisne, l'ami de Pierre Darc, avait gardé les nobles traditions de sa famille; il s'était employé dans les armées de Charles VII, et avait concouru à l'expulsion des Anglais. La paix faite, il était revenu à Villebraisne; puis s'était marié à une noble demoiselle qui lui avait donné deux enfants : un fils appelé Raoul, une fille dénommée Odette. Après quelques années de mariage, un grand deuil frappa le digne gentilhomme: il perdit son épouse tendrement aimée. Il se consacra dès lors à l'éducation de ses enfants, à la surveillance de ses immenses terres dépendantes de la seigneurie de Villebraisne. Il fut père affectueux, éclairé; envers ses nombreux vassaux, il se montrait seigneur humain, compatissant.

Le comte allait quelquefois à la cour du duc d'Orléans, qui le tenait en grande estime. Dans ce milieu, il rencontra Pierre Darc; et entre les deux hommes une amicale liaison s'établit. Les choses du passé auxquelles ils avaient été mêlés fournissaient le sujet de leur entretien. Le comte de Villebraisne, outre ses qualités de vaillant chevalier, était aussi un homme instruit pour son époque : il savait lire, écrire, et possédait quelques connaissances en chimie et en astronomie. Ce savoir avait donné à sa personnalité une allure assez intéressante pour lui mériter la recherche et la sympathie du dauphin, qui aimait déjà les lettres et les sciences.

Quand le digne gentilhomme se rendait, à des époques intermittentes, à la cour de Charles VII pour présenter ses hommages au souverain, celui qui devait être un jour Louis XI goûtait la présence et l'entretien du comte de Villebraisne.

Plus tard, lorsque le roi donna à son fils aîné le gouvernement du Dauphiné, plusieurs fois ce dernier avait invité le gentilhomme à lui rendre visite à Grenoble. Pendant un de ces séjours, une chasse à l'ours fut organisée dans les montagnes qui se dressent autour de la cité dauphinoise. Déjà, depuis quelques heures, le prince et son hôte erraient dans les défilés sans avoir encore rencontré l'animal signalé par les rabatteurs, quand, tout à coup, au tournant d'un petit chemin, un ours se montra : c'était un animal énorme, aux poils presque noirs, avec une mâchoire formidable et des yeux féroces. Le dauphin, qui s'avançait en tête, armant aussitôt son arbalète, lui envoya un trait; l'ours, blessé légèrement, bondit sur son agresseur. Celui-ci brandit un épieu, s'efforçant de l'enfoncer dans la gueule de la terrible bête. A son tour, le comte de Villebraisne décocha une flèche, qui fit à l'ours une blessure sérieuse. Celui-ci poussa un long hurlement de fureur; puis, se dressant sur les pattes de derrière, marcha droit sur le dauphin pour le terrasser et l'étrangler, lorsque M. de Villebraisne, par un saut rapide, la tête baissée, un long poignard à la main, se jeta entre le prince et l'animal, et fut assez adroit pour plonger jusqu'à la garde son arme dans la poitrine de ce dernier.

Lourdement, l'ours s'abattit sur le sol; il avait le cœur percé : le dauphin était sauvé.

« Merci, mon cher comte, dit-il, votre courage et votre adresse m'ont rendu un signalé service. »

Le gentilhomme s'inclina :

« Monseigneur, je n'ai fait que mon devoir, et je suis persuadé que vous auriez agi de même, si l'animal avait fondu sur moi. »

Lorsque son hôte, quelques jours après cet événement, quitta Grenoble, le jeune prince lui donna un livre d'heures enrichi de belles enluminures.

« Emportez ce missel, lui dit-il ; quand je serai roi, si je deviens oublieux à votre égard, — les souverains sont quelquefois obligés de le devenir, — vous me présenterez ce livre ; et ma mémoire se souviendra du service que vous m'avez rendu. »

Les deux enfants de ce digne gentilhomme, — objets de toute son affection, — avaient grandi et leur éducation était même terminée. Son fils Raoul était maintenant un beau jeune homme de vingt ans, grand, robuste, doué d'une figure agréable ; déjà initié au maniement de toutes les armes, il était désireux de devenir un vaillant chevalier, comme l'avaient été ses aïeux. Sa sœur Odette était une charmante fille de dix-huit ans, de taille moyenne, avec une jolie figure, aux traits intelligents, expressifs. Toute sa personne dégageait le charme, la sympathie ; si le rayon de ses yeux et son geste, quelquefois autoritaire, décelaient chez elle une volonté ferme et un caractère décidé, la douceur de son sourire indiquait aussi la sensibilité de son âme. En réalité, Odette de Villebraisne était douée de qualités morales et physiques qui la rendaient une très séduisante créature. Ayant été privée de sa mère dès son jeune âge, et dirigée par son père qui avait été un vaillant guerrier, son éducation fut virile ; elle apprit à monter à cheval avec une élégante aisance, à lancer avec adresse les traits d'une arbalète ; éprise de la chasse, elle aimait la poursuite du cerf dans les forêts ombreuses, les longues chevauchées sur les belles routes ensoleillées. Jusqu'à l'âge de quinze ans, pour

s'initier avec plus de commodité aux exercices physiques, la jeune fille gardait les cheveux courts et revê-
tait quelquefois le costume masculin. Ainsi accou-
trée, elle avait l'air d'être le gentil cadet de son frère
Raoul.

Cependant M. de Villebraisne voulut qu'Odette, à
partir de la seizième année, portât les cheveux longs
et revêtît toujours les habits de son sexe. Alors sa
taille se forma, sa beauté apparut et l'adolescente
devint une charmante jeune fille.

Le comte et ses deux enfants menaient donc une
existence parfaitement heureuse ; et cet état de choses
semblait devoir se prolonger encore longtemps pour
ces trois êtres unis par une si tendre affection.

Mais, dans un jour néfaste, — c'était au commencement de l'année 1465, — le malheur visita le château de Villebraisne. Au retour d'une partie de chasse,
le vieux gentilhomme fut subitement foudroyé par une
congestion.

Dès l'atteinte du mal, se sentant perdu, il ne put
que murmurer ces paroles, à l'intention de Raoul qui
s'empressait autour de lui :

« Veille bien sur ta sœur, sers fidèlement le roi. »

Puis il perdit le sentiment, et deux heures après il
passait de vie à trépas.

Une immense douleur, un chagrin cruel étreignit le
cœur du frère et de la sœur ; pendant des semaines,
amèrement, ils pleurèrent ce père qui les avait aimés
avec une tendresse si dévouée. Mais Raoul possédait
un caractère énergique ; c'était lui maintenant le chef
de la famille, et il réfléchit à l'orientation qu'il conve-

nait de donner à leur vie. Ils avaient une tante mater-
nelle, la dame de Villedouin, qui résidait à Paris avec
le train d'une personne riche et appartenant à la bonne
noblesse. Raoul projeta de conduire Odette chez cette
parente où elle trouverait à s'établir d'une façon conforme à son nom, à son rang. Quant à lui, sa destinée
était désormais fixée : il irait offrir ses services au roi
de France, lequel, en souvenir de son père, lui ferait
certainement un accueil favorable, et l'attacherait à sa
personne.

Le jeune homme fit part à sa sœur de ses projets.
Celle-ci les accueillit avec un certain empressement ;
depuis la mort de leur père, le séjour de Villebraisne
lui semblait bien triste ; elle éprouvait le besoin de
donner une autre vision à ses yeux, et de placer sa vie
dans un autre cadre. Alors Raoul écrivit à la dame de
Villedouin pour lui demander si elle voulait accueillir
Odette et la garder en son logis jusqu'à l'époque de
son mariage. La tante, qui savait sa nièce agréable
personne et bien apanagée, répondit que la compagnie
de celle-ci lui ferait grand plaisir et qu'elle attendait
sa venue avec impatience.

Cette convention ainsi établie, le frère et la sœur
fixèrent la date de leur départ de Villebraisne et arrêtèrent leur itinéraire pour se rendre à Paris.

Les circonstances commandaient d'observer la prudence dans les étapes du voyage, car la guerre était
déjà engagée dans le Berry, et des hommes d'armes
circulaient par les routes.

Les deux jeunes gens avaient décidé de partir vers
le milieu du mois de juin ; l'avant-veille du départ,

Raoul envoya à Moulins plusieurs des serviteurs du château pour faire divers achats. Le soir de cette même journée, le frère et la sœur se trouvaient réunis dans une grande pièce située au premier étage de la seigneuriale demeure ; riche et sérieux était l'ameublement de cette pièce : lourdes tapisseries aux portes ; le long des cloisons, des sièges, des bahuts, des coffres de chêne sculpté, des panoplies d'armes curieuses ; sur le parquet un tapis d'Orient ; d'une des solives du plafond descendait un lustre de cuivre brillant. Par les fenêtres ouvertes, on apercevait la verdoyante vallée qui se déroulait au pied du château ; dans le lointain, derrière un rideau de grands peupliers, coulait l'Allier.

La journée qui finissait avait été belle et chaude ; le ciel, se noircissant graduellement à l'horizon, annonçait un orage probable pour la soirée.

Raoul et Odette gardaient le silence ; leur prochain départ de Villebraisne suscitait en eux des pensées graves ; ce départ n'allait-il pas être le signal d'une orientation nouvelle de leur existence jusqu'alors si paisible ?

Raoul, — répétons-le, — était un grand et beau jeune homme, à la tête expressive, aux longs cheveux bruns ; il portait un justaucorps et des chausses de drap noir ; il avait aux pieds des souliers à la poulaine en cuir fauve, et un poignard attaché sur un ceinturon pendait à un des côtés.

Odette était habillée d'une longue robe de laine de couleur sombre, avec des manches tombantes, suivant la mode de l'époque ; ses beaux cheveux, séparés en deux torsades contournant les oreilles, lui faisaient comme un splendide diadème. Malgré la simplicité de son accoutrement et la teinte de tristesse répandue sur sa physionomie, la jeune fille gardait toujours sa beauté et sa grâce.

Le frère et la sœur, au milieu de ce cadre luxueux, paraissaient semblables à ces beaux adolescents que l'on voit dans les curieuses enluminures de la fin du xv° siècle.

Le premier, Raoul rompit le silence qui régnait dans la pièce :

« Les serviteurs, dit-il, que nous avons envoyés ce matin à Moulins ne sont pas encore rentrés, et voici le crépuscule qui vient. »

En effet, le crépuscule commençait à envelopper la campagne.

« Très probablement, répliqua Odette, nos gens ne seront-ils de retour que dans la soirée : nous les avons chargés de commissions, de messages qui demandent du temps. »

Puis, ces paroles proférées, la jeune fille retomba dans sa méditation. Son frère se rapprocha, et prenant affectueusement une de ses mains dans les siennes :

« Chère sœur, dit-il, tu sembles, ce soir, plus triste que de coutume ; pour quel motif? En vérité, ta contenance m'afflige. »

Odette secoua la tête avec mélancolie.

« Malgré mon consentement à notre départ pour Paris, malgré la tristesse qui règne dans cette demeure depuis la mort de notre bien-aimé père, j'éprouve de la peine à quitter Villebraisne.

— Eh! chère sœur, je comprends, je partage ton sentiment; mais notre séjour ici, — momentanément du moins, — n'a plus de raison d'être.

— Sans doute, continua la jeune fille, mais je réfléchis à ceci : en quittant cette demeure, c'est une por-

« Chère sœur, dit-il, tu sembles ce soir plus triste que de coutume. »

tion... heureuse... de notre vie que nous laissons derrière nous; nous allons entrer dans l'inconnu : que nous réserve-t-il? »

Raoul eut un geste d'apaisement.

« Le souvenir laissé par notre père nous protégera dans la vie; n'aie donc aucune appréhension pour l'avenir. La lettre de notre tante, la dame de Villedouin, est bienveillante ; elle attend ton arrivée avec plaisir.

— Malgré le lien de parenté, cette digne personne est presque une étrangère pour moi ; je ne l'ai vue qu'une fois, à l'époque où elle est venue à Villebraisne, il y a six ans : j'étais alors une enfant. Ma compagnie lui plaira-t-elle ? Tout cela me préoccupe l'esprit. »

Raoul sourit :

« Tu as le caractère trop aimable, petite sœur, pour que notre parente ne te prenne pas de suite en bonne affection, et ne te rende l'existence aussi agréable que possible. »

Malgré l'évocation de ces perspectives, le visage de la jeune fille restait mélancolique.

« Enfin, continua-t-elle, un souci m'attriste, — souci relatif à toi, — nous allons être séparés, et déjà j'éprouve l'amertume de cette séparation. Pense que nous avons toujours vécu dans la même demeure ; c'est là une habitude de cœur qui ne se perd pas aisément. »

Alors Raoul déposa un fraternel baiser sur le front d'Odette.

« Merci, petite sœur, de ces paroles qui me prouvent de ta part une tendresse que je te rends bien ; mais, un peu plus tôt, un peu plus tard, nous devions toujours être séparés : je suis destiné au métier des armes, que j'aime, et qui fut celui de nos aïeux. Enfin, les événements qui se passent actuellement m'imposent le devoir d'aller offrir mes services au roi de France.

— Certes, c'est là présentement ton devoir, répliqua vivement Odette ; ç'a été le dernier vœu de notre bien-aimé père. »

En ce moment, un appel de cloche se fit entendre dans la cour intérieure du château.

« Cette cloche, dit alors Raoul, nous annonce l'heure du souper du soir. »

Et, prenant le bras d'Odette, il se disposa à sortir de la pièce. Mais, au dehors, la porte principale s'ouvrit, et apparut sur le seuil un vieux serviteur du château avec un flambeau allumé à la main.

Le jeune homme sourit au serviteur.

« Tu as raison, mon bon Jacques, d'apporter la lumière avec toi ; l'orage qui se prépare fait déjà la nuit autour de nous... Précède-nous. »

Le vieillard, après s'être incliné, descendit, suivi par ses maîtres, un large escalier de pierre, bordé par une rampe de fer ouvragé.

Le frère et la sœur entrèrent dans une vaste salle à manger, dont les fenêtres ouvraient sur la cour intérieure du château. Aux murs de cette salle aménagée dans le style féodal, se montraient de curieuses panoplies ; des flambeaux allumés, placés sur la table, jetaient dans la pièce une belle clarté.

Au moment où Raoul allait s'asseoir devant la table, un grand bruit de pas se fit entendre dans la cour du château.

« Qu'est-ce que cela ? fit le jeune homme qui avait prêté l'oreille ; seraient-ce nos gens qui reviennent de la ville ? »

Bientôt un serviteur, entrant dans la salle, vint dire ces paroles :

« Monseigneur, des moines d'un couvent de Moulins, qui ont quêté aujourd'hui dans le voisinage,

demandent l'hospitalité pour se reposer et attendre la
fin de l'orage qui va éclater. »

Raoul eut un geste de consentement.

« Certainement, répliqua-t-il, ces excellents pères
sont les bienvenus ici ; qu'ils prennent le loisir de se
reposer dans les communs du château.

— Ces braves gens, intervint Odette, après une
journée de fatigue, doivent avoir faim et soif ; n'est-il
pas plus bienséant de leur offrir l'hospitalité complète
et de les recevoir à notre table ?

— Bonne inspiration, chère sœur. »

Et, s'adressant au serviteur, Raoul ajouta :

« Va dire à ces excellents pères que nous les invi-
tons à partager notre souper du soir. »

Le serviteur, après s'être incliné, sortit pour exécuter l'ordre du maître.

Au bout de quelques instants, plusieurs moines, le
capuchon rabattu sur le visage, les épaules inclinées,
faisaient leur entrée dans la salle à manger du château.

VII

Les moines invités par le jeune comte de Villebraisne à prendre place à sa table étaient au nombre de dix ; ils portaient un large froc de laine brune, une ceinture de chanvre était nouée autour de leurs reins ; mais le capuchon du froc rabattu sur leurs têtes permettait à peine de discerner leurs traits. Les pratiques de la vie religieuse n'avaient pas émacié ces moines ; tous étaient de haute taille, larges d'épaules, et, sous l'étoffe de leur robe, se dessinaient des torses vigoureux.

Parvenus au milieu de la salle, ils s'inclinèrent avec une attitude d'humilité devant le maître du logis qui avait fait quelques pas à leur rencontre.

« C'est une heureuse circonstance pour moi, dit ce dernier, de donner l'hospitalité à de pieuses gens comme vous ; et je vous prie de prendre place à cette table. »

Alors, celui des moines qui paraissait être le chef de la petite troupe monastique répliqua d'une voix humble :

« Merci, seigneur, de la grande faveur que vous voulez bien faire à de pauvres serviteurs de Dieu comme nous; vous serez bénis de votre charité, et nos prières retiendront votre nom. »

Après une pause, le moine ajouta :

« Avec la grande faveur de nous asseoir à votre table, accordez-nous une grâce, une licence.

— Laquelle? parlez.

— Permettez à mes frères et à moi de garder, même pendant la durée du souper, le capuchon de notre froc rabattu sur la tête, et cela pour obéir à une pénitence imposée par le supérieur de notre couvent, à cause de quelque péché commis par l'un de nous. »

La demande parut naturelle au maître du logis.

« Restez la tête encapuchonnée, mes révérends pères, fit-il en souriant; je serais très désolé de vous inciter à une désobéissance envers votre supérieur. »

Avant de s'asseoir, le moine qui avait pris la parole voulut réciter le *Benedicite*; puis, l'oraison terminée, le repas commença. Sur la table gaiement éclairée se dressaient des plats garnis de quartiers de viande, de pièces de venaison; dans des saladiers aux flancs arrondis se montraient des mélanges de légumes soigneusement assaisonnés. Espacés çà et là, des brocs de cristal laissaient voir un agréable vin du Bourbonnais rouge et légèrement mousseux.

Les moines assis autour de la table avaient dû, dans le courant de la journée, se livrer à un grand exercice de marche dont le résultat se manifestait par une faim formidable et une abondante soif.

Autour de la table, deux serviteurs circulaient, remplissant les assiettes et les gobelets qui se vidaient presque instantanément. Pendant la première partie du souper, aucun propos ne fut échangé, et l'on n'entendait dans la salle que le bruit des mâchoires qui broyaient les aliments et le claquement des langues qui dégustaient les vins.

En souriant, Raoul regardait ses hôtes faire preuve d'un si bel appétit. Odette, assise à côté de lui, partageait la gaieté de son frère. Cependant, au bout d'un temps, elle lui dit à voix basse :

« C'eût été dommage, — pour eux, — de ne pas convier ces excellents moines à partager notre souper. Maintenant, essaye de les interroger ; peut-être nous apprendront-ils quelque nouvelle intéressante sur les événements en cours. »

Ayant fait un geste d'assentiment, Raoul se prit à regarder le moine assis en face de lui, — le seul qui avait parlé. — Bien que la tête de ce dernier fût enveloppée par le capuchon du froc, une partie de son visage restait à découvert, montrant des traits durs, accentués, une physionomie de soudard, plutôt que d'homme d'église. Cependant cet examen ne suggéra aucun soupçon au jeune comte de Villebraisne ; et, jugeant chez son hôte le premier accès d'appétit apaisé, il demanda :

« Vous appartenez, ce me semble, à l'Ordre des moines de Saint-Joseph, dont un des couvents est à Moulins ?

— En effet, répondit le moine, comme vous le voyez, nous portons la robe de cet ordre ; notre prieur nous a donné mission de visiter les campagnes pour solliciter les offrandes des fidèles.

— Êtes-vous satisfaits de votre tournée? avez-vous recueilli de généreuses offrandes? »

Le moine eut un geste négatif.

« Le résultat a été maigre; nous retournons demain à Moulins, peu chargés d'offrandes: les fidèles sont pauvres; ceux qui ont du bien le cachent. La guerre que le roi fait présentement aux princes de la couronne inquiète fort les gens.

— Pouvez-vous nous donner des nouvelles du roi? Savez-vous où se trouve son armée? interrogea Odette.

— Oh! les allées et venues du roi Louis XI, je les ignore; cependant j'ai entendu dire qu'il doit se trouver dans les environs de Gannat, avec une armée de douze mille ou quatorze mille hommes seulement.

— Il est très vraisemblable, continua Raoul, que le roi campe dans cet endroit; après avoir battu le duc de Bourbon et fait rentrer dans le devoir plusieurs villes du Berry, il doit attendre le duc de Nemours et le comte d'Armagnac avec leurs troupes.

— Ces deux seigneurs, riposta le moine avec vivacité, ont adhéré à la ligue du Bien public; donc ils ne doivent pas rejoindre le roi, mais bien plutôt chercher à se réunir au comte de Charolais, — le fils du duc de Bourgogne, — qui s'avance sur Paris avec une imposante armée. »

A l'audition de ces paroles, Raoul témoigna un commencement de surprise.

« Mon révérend père, vous me semblez bien au fait

des événements présents; qui donc vous a ainsi renseigné? »

Le moine eut un geste vague.

« Mes propos ne sont que des suppositions; cependant si le duc de Nemours et le comte d'Armagnac ont signé le pacte du Bien public, — ainsi que je l'ai entendu dire, — cet engagement les oblige à marcher, non avec le roi Louis XI, mais contre lui.

— Si ces seigneurs tiennent pareille conduite, exclama Odette, ils seront rebelles et traîtres; le roi agira sagement en les châtiant.

— Ici, à Villebraisne, ajouta Raoul voulant accentuer la déclaration de sa sœur, nous sommes pour la cause du roi, et prochainement je me propose d'aller offrir mes services à notre bien-aimé souverain. »

Ces paroles parurent désobliger le moine.

« Louis XI a été mauvais fils, répondit-il d'une voix acerbe, un fils révolté; quand il était dauphin, il a conspiré contre son père; ce passé est un fâcheux apprentissage pour être roi, c'est-à-dire le père de ses sujets. »

Le frère et la sœur s'entre-regardèrent, surpris par les propos de ce moine inconnu, que le hasard avait fait asseoir à leur table. Et, d'un ton bref, Raoul répondit :

« Le roi est le roi; la critique des actes de son passé est chose irrespectueuse; dans le présent, son devoir est de maintenir intacte l'autorité royale et de châtier les grands vassaux qui la méconnaissaient. »

Sans paraître faire attention à l'accent avec lequel le maître du logis avait proféré ces dernières paroles, le moine, enflant sa voix, continua ainsi :

« Le respect de l'autorité royale cesse quand commence la tyrannie. Or, Louis XI est un abominable tyran : il a disgracié les meilleurs serviteurs de son père, empiété sur les prérogatives de l'Église, élevé considérablement le chiffre des impôts. La ligue du Bien public est la ligue contre la tyrannie de Louis XI ; il doit succomber : le bon droit n'est pas de son côté, et ses adversaires sont plus forts que lui. »

Cette nouvelle intempérance de langage froissa Raoul ; ses sourcils se froncèrent ; il allait envoyer une vive riposte à ce singulier moine, quand son regard rencontra celui de sa sœur, regard l'invitant au calme, à la tolérance envers un homme revêtu de l'habit religieux.

Alors un sourire ironique entr'ouvrit ses lèvres.

« Mon révérend, dit-il, vos paroles me prouvent que vous vous occupez des choses temporelles plus qu'il ne convient à un homme d'église. »

Un éclair brilla dans les yeux du moine, et sa voix devint plus dure :

« Les gens qui portent ma robe ont le devoir de se mêler des choses temporelles, quand les droits de l'Église sont en danger. »

La contenance des autres moines assis autour de la table indiquait qu'ils approuvaient les paroles de leur supérieur. En ce moment, l'orage qui se formait depuis plusieurs heures éclata avec violence ; des éclairs, accompagnés des roulements de tonnerre, sillonnèrent la nuit du ciel; et une pluie épaisse, abondante, ruissela sur le pavé de la cour, contre les fenêtres de la salle à manger.

« Voilà, dit le moine, un fâcheux orage qui va retarder notre départ.

— Vous pourrez passer la nuit au château, » dit amicalement Raoul.

Le souper s'achevait; on était au dessert, représenté par de succulentes confitures et de savoureux fruits, auxquels les religieux faisaient amplement honneur. Puis, le moine se leva. Après avoir rempli un gobelet, il dit à ses compagnons :

« Mes pères, buvons à la prospérité du seigneur et de la demoiselle de Villebraisne, et cela pour les remercier de leur généreuse hospitalité. »

Imitant l'exemple qui leur était donné, les religieux levèrent leur gobelet en absorbant le contenu avec une évidente satisfaction.

Le frère et la sœur inclinèrent la tête en témoignage de remerciement.

Demeuré debout, le moine emplit son gobelet de nouveau :

« Mes pères, clama-t-il d'une voix vibrante, maintenant je vous invite à boire au succès de la ligue du Bien public, à la victoire des princes coalisés, à la défaite du roi Louis XI. »

Avec bruit, les autres moines, choquant leurs verres, répétèrent :

« A la victoire des princes coalisés, à la défaite du roi Louis XI. »

En entendant ces audacieuses paroles, un flot de

colère empourpra le visage de Raoul ; et, frappant violemment la table du poing :

« Voilà une impudente manifestation ! exclama-t-il ; est-ce, de votre part, une injure, un défi ou un oubli ? Je veux croire que vous vous êtes oubliés, n'est-ce pas ? Alors, vous allez rétracter de suite vos téméraires paroles. »

Le moine, qui était resté debout appuyé contre la table, fit entendre un long ricanement.

« Rétracter nos paroles ? c'est impossible, seigneur de Villebraisne. Maintenant voyez qui nous sommes. »

Et, rejetant en arrière son capuchon et ouvrant son froc, le moine mit en pleine lumière sa tête et son torse : tête de parfait soudard, avec une face cynique aux traits féroces, couronnée de cheveux roux, crépus, terminée par une barbe de même couleur coupée court. Le torse était enveloppé d'une cotte de mailles avec, à la taille, un ceinturon de cuir d'où pendait une longue dague. Les autres convives, imitant leur chef, après avoir rabattu leurs capuchons et ouvert leurs frocs, apparurent avec l'accoutrement d'hommes d'armes, tous porteurs d'abominables figures. Au spectacle de leurs hôtes ainsi transformés, Odette, sans paraître effrayée, s'était vivement levée.

« Frère, cria-t-elle, on nous a tendu un guet-apens ! Mettons-nous en état de défense. »

Et à une des panoplies de la salle la jeune fille décrocha une dague qu'elle tendit à son frère, s'armant elle-même d'une dague semblable.

La circonstance, en effet, démontrait que les châtelains de Villebraisne étaient bien victimes d'une audacieuse machination perpétrée par des aventuriers pour s'introduire dans leur demeure.

Les yeux brillants de colère, la contenance décidée, la dague au poing, Raoul s'était levé de son siège.

« Qui êtes-vous? interrogea-t-il d'une voix impérieuse; pourquoi avez-vous revêtu l'habit religieux pour vous introduire dans mon logis? »

Le faux moine s'était rassis, imité par ses compagnons devenus attentifs aux paroles que leur chef allait proférer. Alors ce dernier, avec un sourire railleur aux lèvres, s'adressa en ces termes au jeune châtelain :

« Seigneur de Villebraisne, votre question au sujet de notre présence à votre table est très légitime; immédiatement je vais vous en donner l'explication. Apprenez d'abord que je m'appelle le capitaine Martin Malemort; je commande une compagnie de vaillants hommes d'armes : vous voyez autour de moi quelques-uns de mes compagnons; les autres campent non loin de votre demeure. Je vous donne l'assurance que nous sommes tous de rudes gaillards, prompts à jouer de l'épée et de la dague au milieu d'une mêlée, lestes comme des singes pour grimper sur des échelles destinées à l'escalade d'une ville ou d'une forteresse. Pour le moment, nous sommes au service de monseigneur le duc de Bourbon, dont nous avons embrassé la cause. Cette circonstance vous explique pourquoi nous souhaitons le triomphe de la ligue du Bien public et la défaite du roi Louis XI. Monseigneur le duc de Bourbon, qui va rejoindre le duc de Nemours et le comte d'Armagnac, nous a donné mission d'aller à la rencontre du comte de Charolais pour lui servir d'éclaireurs dans sa marche en avant. — Une bonne fortune pour nous, cette mission, avec des coups d'épée à donner et des profits à récolter. — En chevauchant à travers ce pays, votre réputation de gentilhomme généreux et hospitalier est parvenue à nos oreilles; et nous avons été curieux de vérifier si votre renommée est méritée; de là notre résolution de venir frapper à la porte du château de Villebraisne. Mais, soucieux de ne pas nous présenter d'abord avec notre costume guerrier, — cela aurait sans doute excité votre méfiance, — nous avons emprunté le froc de quelques braves moines rencontrés dans la campagne environnante... Oh! nous n'avons pas eu besoin de beaucoup molester ces pieuses gens pour obtenir leurs robes. »

Un des hommes d'armes, interrompant son chef, dit alors avec un gros rire :

« Le supérieur du couvent a dû faire une singulière figure en voyant ses moines rentrer au bercail dans le costume de notre père Adam. »

Le capitaine Malemort lança un coup d'œil irrité à l'interrupteur facétieux.

« Silence, Magloire; je réprouve ce genre de plaisanterie en présence d'une gente demoiselle, comme celle qui nous écoute en ce moment! » Puis, s'adressant de nouveau à Raoul, il poursuivit ainsi :

« Eh bien, nous venons de constater que votre réputation n'est pas usurpée; et la bonne humeur dont vous nous voyez animés vous prouve que nous

trouvons votre table succulente et vos vins généreux ! »

Puis l'impudent personnage se tut ; la contenance
de ses compagnons démontrait que ceux-ci approuvaient son discours. Les traits crispés, les yeux allu-

« Qui êtes-vous ? » interrogea-t-il d'une voix impérieuse.

més, Raoul cria d'une voix tremblante de colère :

« Vous êtes de cyniques drôles, vous avez obtenu
mon hospitalité par une manœuvre qui est un sacri-
lège. Maintenant que vous êtes repus et désaltérés, je
vous chasse ; débarrassez-moi de votre abominable
présence.

— Voilà une déplaisante franchise, seigneur de Villebraisne, répliqua l'aventurier ; mes compagnons et moi, nous ne sommes pas susceptibles. Mais nous avons encore à causer...

— Sortez, drôles, clama de nouveau Raoul, qui trépignait de fureur, ou je vous fais chasser ignominieusement d'ici.

— Nous chasser ? C'est là une téméraire parole. Oubliez-vous que vos gens envoyés à Moulins ne sont pas encore de retour ? Oh ! nous avons pris nos renseignements, n'essayez donc pas d'éviter mon entretien. »

Alors Odette murmura à l'oreille de son frère :

« Ces bandits ont bien choisi leur moment ; nous sommes à leur merci ; contiens-toi. »

Après une pause, le capitaine Malemort reprit en ces termes :

« On nous a aussi vanté votre libéralité, et les circonstances nous obligent à la mettre à l'épreuve. Imaginez-vous que monseigneur le duc de Bourbon, — qui actuellement n'est pas riche, — n'a pu nous régler notre solde, et nous sommes pauvres, et même très gueux. Un certain nombre de pistoles, de ducats, de livres tournois tombant dans nos escarcelles, nous tireraient de ce fâcheux état... Donc, nous sollicitons une preuve de votre générosité, vous comprenez ?

— Oui, hurla Raoul de plus en plus exaspéré par cet impudent langage, je comprends que vous êtes d'effrontés voleurs, d'abominables écumeurs de grandes routes ! N'espérez pas me rançonner, vous n'aurez pas un écu de moi ! »

L'aventurier eut un geste ironique.

« Vos paroles annoncent l'avarice ; c'est là un vilain défaut chez un gentilhomme de votre âge. Ce n'est pas une rançon que nous vous demandons, mais un emprunt. Je m'empresserai de raconter votre libéralité à notre maître, le duc de Bourbon, qui acquittera notre dette après le triomphe de la ligue du Bien public. »

Puis haussant la voix :

« Allons, exécutez-vous de bonne grâce, nous sommes pressés. »

Et Raoul, arrivé au paroxysme de l'exaspération, répétait :

« Impudents bandits ! la maréchaussée de Moulins va être avertie de vos méfaits ; vous serez arrêtés et pendus ! »

A l'audition de ces paroles, les aventuriers poussèrent un grognement significatif ; quelques-uns portèrent la main à leur dague.

« Assez de menaces inutiles, cria Malemort. Évitez à la gente demoiselle qui nous écoute en ce moment, le spectacle d'une scène de violence ; si vous refusez de faire acte de générosité à notre égard, je vais ordonner à mes hommes de fouiller votre château, et les gaillards s'empareront de tout ce qui sera à leur convenance. Si, au contraire, vous reconnaissez la justesse de notre demande, nous nous contenterons de la somme que votre libéralité voudra bien nous octroyer. »

Les péripéties d'un telle scène écœuraient Odette.

« Paye ces bandits, cria-t-elle à son frère, puisque leur ruse nous place en leur pouvoir. Délivre-moi de leur vue, de leur présence. »

A l'injonction de sa sœur, un revirement se fit dans l'esprit de Raoul, et il ne voulut pas la rendre témoin d'une imminente scène de violence.

« Misérables, dit-il rageusement, je me résigne à subir vos exigences. Mais avant peu vous serez châtiés ! »

Après avoir fait entendre un appel, un des serviteurs restés au château, un vieillard, apparut dans la salle, montrant une contenance effrayée. L'allure des aventuriers, debout, menaçants, révélait suffisamment le sens de la scène qui se passait.

« Mon vieux Jean, fit Raoul à ce dernier en lui remettant une clé, monte dans ma chambre, ouvre le grand bahut que tu connais, et descends la cassette qui s'y trouve. »

Un silence relatif tomba dans la salle; les aventuriers, satisfaits de l'aubaine promise à leur cupidité, demeuraient muets, les yeux tournés vers la porte par laquelle le vieux serviteur était sorti.

Au dehors l'orage s'apaisait; les éclairs ne rayaient plus l'obscurité du ciel et la pluie avait presque cessé. Bientôt le vieillard rentra dans la salle, portant avec effort une large et lourde cassette en bois incrusté; il vint la placer sur la table en face de son maître.

A cette vue, les aventuriers se rapprochèrent, les yeux luisants de convoitise. Après avoir tiré d'une des poches de son justaucorps une petite clé, Raoul ouvrit lentement l'opulente cassette; et le couvercle de celui-ci levé, des pièces d'or et d'argent apparurent en nombre considérable, étincelant sous le feu des lumières.

Les compagnons de Malemort, enfiévrés par le spectacle de tout cet or, de tout cet argent, poussèrent un hurrah joyeux; et spontanément quelques-uns tendirent les mains vers le riche coffre. Alors le capitaine, tirant sa dague, cria d'une voix tonitruante :

« Que pas un de vous, mes drôles, ne s'avise de toucher à ce précieux coffret; autrement je le transperce! Cet or doit m'être compté, et j'octroierai à chacun de vous la part qui me plaira! »

Puis, s'adressant au jeune châtelain, il ajouta :

« Qu'on est heureux à votre âge d'être si abondamment riche! En ce moment, souvenez-vous que la libéralité est vertu traditionnelle dans votre famille. »

A demi-voix, Odette répéta à son frère :

« Donne cet or à ces bandits, qu'ils nous délivrent bien vite de leur odieuse présence. »

Déjà Raoul avait plongé les doigts dans la cassette pour en répandre le contenu sur la table, quand subitement sur le pavé de la cour intérieure retentit un grand bruit de pas de chevaux : c'était comme le train de plusieurs cavaliers arrivant en hâte sous les fenêtres du château. Alors les yeux du jeune seigneur de Villebraisne brillèrent de joie.

« Dieu soit loué! clama-t-il; voilà nos gens qui reviennent de Moulins; c'est le secours, c'est le salut! »

Puis, interpellant les aventuriers immobiles, stupéfaits :

« Voilà le châtiment que je vous avais promis. »

Le jeune homme courut ouvrir une des fenêtres de

la salle qui ouvraient de plain-pied sur la cour du château, et d'une voix vibrante il lança cet appel :

« A l'aide! au secours! le château est envahi par des bandits ! »

Aussitôt cinq hommes, l'épée haute, après avoir sauté par-dessus l'appui de la fenêtre, firent violemment irruption dans la salle.

Ces nouveaux venus, ces défenseurs inespérés, étaient Jehan Darc, ses deux écuyers, l'archer Richard et Nicolas Letordu.

VIII

UN COUP DE THÉATRE

L'arrivée, la présence de Jehan Darc et de ses compagnons au château de Villebraisne avaient une cause toute naturelle.

Après être entrés la veille dans le Bourbonnais, ceux-ci, le lendemain, avaient séjourné à Moulins pendant quelques heures. Jehan s'était renseigné sur l'emplacement exact du château de Villebraisne; puis il avait dit à Richard :

« Villebraisne est seulement à quelques lieues d'ici; orientons notre marche de ce côté; la circonstance me permettra de présenter mes hommages à un digne seigneur qui a toujours témoigné de l'estime et de l'amitié à notre famille.

— Je ne vois pas d'obstacle à votre dessein, avait répondu le vieil archer, puisque ce point d'arrêt est sur la route que nous comptons suivre pour aller rejoindre le roi. »

Après avoir quitté Moulins à la tombée de la nuit,

les cinq cavaliers chevauchèrent dans la direction de
Villebraisne. Surpris en route par l'orage, ils accélé-
rèrent l'allure de leurs chevaux pour atteindre plus
tôt le terme de leur course. Cette circonstance les fit
arriver en temps opportun pour secourir le jeune châtelain. Celui-ci, à la vue des nouveaux arrivants, incon-
nus de lui, eut d'abord un mouvement de surprise
aussitôt réprimé.

« Vous n'êtes pas, dit-il, ceux que j'attendais, mais
vous avez figures d'honnêtes gens; aidez-moi à châtier
ces bandits qui se sont introduits par ruse dans ma
demeure pour me rançonner.

— Nous sommes heureux, mon jeune seigneur,
répliqua Richard, d'être arrivés à point pour vous
prêter main-forte. »

Puis regardant les aventuriers qui, la dague au poing,
avaient pris une pose de combat, il ajouta ironiquement :

« En effet, voilà une jolie réunion de têtes de
coquins ! Ils sont dix, nous sommes six, la partie est
encore égale.

— Ah ! vous reprenez votre parole, cria le capitaine
Malemort à Raoul, vous allez voir les prouesses dont
mes hommes et moi nous sommes capables. »

En ce moment, la fureur de la cupidité déçue rendait hideuse la face de l'aventurier. Depuis son entrée
dans la salle, les regards de Jehan s'étaient attachés
sur ce répugnant personnage, et à mesure qu'il le
contemplait, un travail se faisait dans son esprit et dans
sa mémoire. Puis les yeux du jeune homme s'allumèrent.

« Regardez bien, cria-t-il à Richard, la figure de
cet homme. »

Et d'un geste violent il désigna Malemort, debout au milieu de la salle. Le vieil archer eut un sourire railleur.

« Oui, je vois bien, répliqua-t-il, une vilaine tête de sacripant.

— Cet homme, continua Jehan avec émotion, a la figure du bâtard de Wandôme, celui-là même qui, ayant fait prisonnière Jehanne la Glorieuse devant Compiègne, la livra à l'évêque Cauchon et aux Anglais. Mon père, si souvent et avec tant de détails, m'a décrit les traits de ce misérable, que sa face est présente dans ma mémoire comme si je l'avais vu et fréquenté de son vivant. Eh bien! cet homme ici présent ressemble trop au bâtard de Wandôme pour ne pas être de sa famille. »

A l'évocation de ce nom, Malemort tressaillit; son abominable figure se contracta davantage, et s'avançant vers Jehan :

« Jeune homme, interrogea-t-il d'une voix rude, pour quelle raison prononces-tu ici le nom du bâtard de Wandôme? pourquoi insultes-tu la mémoire de ce brave chevalier? Il était au service du duc de Luxembourg, allié au duc de Bourgogne; il a donc fait son devoir en capturant devant Compiègne Jehanne Darc, qui fut justement condamnée comme sorcière, hérétique et relapse. »

En ce moment le visage de Jehan se trouvait éclairé par les lueurs de toutes les bougies placées sur la table; aucune ombre n'enveloppait sa personne. A cette vue, Malemort eut un geste de profonde surprise, et cette exclamation jaillit de ses lèvres :

« Oh! cette ressemblance! mais c'est la figure de

Jehanne Darc ! Qui donc es-tu, jeune homme, pour ressembler si exactement à celle qui fut brûlée à Rouen ? »

Jehan regarda fixement l'aventurier :

« Je suis Jehan Darc, fils de Pierre Darc, chevalier du Lys, et neveu de Jehanne la Glorieuse.

— Jehan Darc ! » répétaient Raoul et Odette étonnés, contents de voir au nombre de leurs libérateurs le fils d'un homme qui avait été l'ami de leur père, et dont celui-ci leur avait souvent parlé.

Alors Richard vint se placer à côté de Jehan.

« Moi, dit-il, je suis Richard l'archer, un des compagnons d'armes de Jehanne la Glorieuse. Jehan et moi, nous allons offrir nos services au roi Louis XI dans la lutte qu'il soutient contre les grands vassaux révoltés. »

Et s'adressant à Malemort, lui montrant une fenêtre ouverte, il ajouta :

« Comme un sacripant de ton espèce n'est pas à sa place dans une compagnie telle que la nôtre, je t'invite à te retirer de suite par ce chemin, suivi de tes pareils. »

Sans faire attention aux paroles du vieil archer, Malemort, les yeux toujours fixés sur Jehan, répéta :

« A ton visage, jeune homme, j'avais deviné ta parenté avec Jehanne la sorcière; tout enfant, mon père m'avait emmené avec lui à la guerre; je me trouvais dans le camp des Bourguignons quand mon père y conduisit sa prisonnière; je n'ai vu celle-ci qu'une fois; et malgré les années écoulées, jamais ma mémoire et mes yeux n'ont oublié les traits de sa figure.

— Que signifient vos paroles ? exclama Jehan; étant enfant, vous dites avoir vu Jehanne la Glorieuse dans le camp des Bourguignons. Mais qui êtes-vous donc? »

Et Malemort, le regard cynique, la bouche crispée, laissa tomber ces paroles :

« Je suis le fils du bâtard de Wandôme. »

Ainsi cet abominable chef d'écumeurs de grandes routes était le fils de celui qui avait capturé devant Compiègne la libératrice du royaume de France.

A cette révélation, les yeux de Jehan lancèrent un éclair de fureur.

« Ton abominable figure, cria-t-il d'une voix qui emplit la salle, m'avait fait soupçonner ton odieuse origine. Maudit! fils de maudit! car, je le sais, ton père, le bâtard de Wandôme, est mort misérable et réprouvé, comme sont morts tous les persécuteurs, tous les bourreaux de Jehanne la Glorieuse. Va-t'en, éloigne-toi de ma vue, tu me fais horreur. »

Malemort, la dague en main, vint se planter devant le jeune homme, l'enveloppant d'un regard de haine, prêt à se jeter sur lui.

« Tu dis vrai, vociféra-t-il, oui, mon père est mort de façon misérable et prématurée, et cela parce que Jehanne, qui était sorcière, qui avait des accointances avec les puissances de l'enfer, lui avait jeté un mauvais sort. Un jour, une fièvre ardente, mortelle, enflamma le sang de mon père. Pendant les spasmes de son agonie, il me criait :

« — J'ai le feu dans le corps; mes os me brûlent! Jehanne la sorcière m'a jeté un maléfice dont je meurs. »

L'aventurier ajouta avec un ricanement sinistre :

« Et, aussi, les effets de ce maléfice m'ont atteint et

poursuivi ! Rien ne m'a réussi dans la vie, partout on m'a traité en réprouvé, en maudit. J'ai dû changer de nom afin de pouvoir porter l'épée, et me placer au service de différents maîtres. Tous mes malheurs proviennent de Jehanne la sorcière. Je hais ton nom, je hais ta famille. Le hasard te place en ma présence, tant pis pour toi. Ma haine réclame une vengeance. »

Ayant levé sa dague, le misérable allait frapper Jehan. Avec un mouvement rapide, celui-ci se reculant évita le coup. Alors le bras de Nicolas Letordu s'abattit sur le poignet de Malemort, le serrant avec une telle force qu'il laissa tomber sa dague avec un hurlement de douleur.

« Abominable coquin ! lui cria le bossu, ne touche pas à ce jeune gentilhomme, sa personne est sacrée. »

Aussitôt les deux serviteurs de Jehan se ruèrent sur l'aventurier, et d'une poussée brutale le couchèrent sur le plancher, l'y maintenant malgré ses efforts pour se relever.

Nicolas Letordu ramassa la dague de Malemort, et la montrant à Raoul :

« Seigneur de Villebraisne, demanda-t-il, me permettez-vous de punir ce sacripant avec sa propre arme ?

— J'ai le droit de haute et basse justice sur mes terres, quand le délit est flagrant, répliqua le jeune châtelain ; ce misérable a voulu tuer mon hôte ; il s'est introduit par ruse dans ma demeure pour me dépouiller ; il mérite la mort, frappez-le. »

Malemort, toujours maintenu sur le plancher par les serviteurs de Jehan, tourna la tête vers ses hommes

qui se tenaient immobiles, silencieux dans un angle
de la salle.

« Venez donc à mon secours, vous autres, vociféra-t-il rageusement; ne laissez pas ainsi assassiner
votre chef. »

Le bras de Nicolas Le Tordu s'abattit sur le poignet de Malemort.

Insensibles à cet appel, les aventuriers ne bou-
gèrent pas. Raoul, s'adressant directement à eux, leur
dit :

« Abandonnez ce misérable à son sort; n'essayez
pas de le défendre. En venant ici vous comptiez sur
une bonne aubaine. Eh bien, je vous fais largesse. »

Et, plongeant ses doigts dans la cassette, le jeune
seigneur de Villebraisne jeta une poignée de ducats

aux pieds des aventuriers. Avec avidité, ceux-ci ramassèrent cet or ; puis comprenant qu'ils avaient été payés, ils s'évadèrent par une fenêtre restée entr'ouverte.

« Oh ! les lâches qui abandonnent leur chef en péril ! » hurla Malemort.

Nicolas Letordu se pencha sur celui-ci, et la dague à la main :

« Où veux-tu que je te frappe ? demanda-t-il, à la poitrine, à la gorge. Je te laisse le choix. »

Et le bossu fit entendre un ricanement sinistre.

Malemort était lâche. Se voyant abandonné par ses hommes, l'épouvante le.saisit, et renonçant à la menace, à l'invective :

« Je ne veux pas mourir ! implora-t-il ; grâce ! laissez-moi la vie ! »

Alors avisant Odette, qui, silencieuse, debout, appuyée contre son siège, contemplait avec des grands yeux dilatés cette scène de tumulte :

« Gente damoiselle, cria-t-il, ne permettez pas que je sois assassiné sous vos yeux ! »

La jeune fille éprouva-t-elle un sentiment de pitié pour le misérable, ou eut-elle le dégoût du sang qui allait couler. S'adressant à son frère :

« Si coupable que soit cet homme, je te demande de lui faire grâce. Qu'il ne soit pas mis à mort dans cette maison, où nous pleurons encore la perte de notre bien-aimé père. »

Raoul fit un geste de dénégation :

« Ce misérable a voulu tuer notre hôte, l'épargner serait faire une injure à notre hôte. »

Alors Odette s'approcha de Jehan :

« Messire, fit-elle d'une voix émue, unissez-vous à moi pour demander la grâce de cet homme, malgré son indignité. Il me semble que s'il est mis à mort sous notre toit, l'événement nous portera malheur. »

Il y avait tant d'imploration dans la voix de la jeune châtelaine, tant de douceur dans son regard, que Jehan se sentit ému, dominé.

Puis s'adressant à Raoul :

« Votre père était ami du mien; aujourd'hui, pour la première fois que je suis votre hôte, je ne veux pas que mon entrée dans votre demeure soit marquée par une effusion de sang. Rendez la liberté à ce misérable : tôt ou tard la fatalité de sa destinée lui infligera le châtiment qu'il mérite.

— Il serait malséant, messire, répliqua le jeune seigneur de Villebraisne, de vous refuser une grâce, la première fois que vous franchissez le seuil de notre maison; soyez satisfait, ce misérable vivra. »

Et faisant un signe aux serviteurs de Jehan qui maintenaient Malemort couché sur le plancher :

« Écartez-vous, laissez aller cet homme.

— Envoyer ce sacripant de vie à trépas m'eût été cependant une agréable besogne! » murmura non sans dépit Nicolas Letordu.

Malemort s'était redressé sur ses pieds. Alors Richard, lui plaçant une main sur l'épaule et montrant son épée nue :

« Maintenant, abominable mécréant, lui cria-t-il, sauve-toi de toute la vitesse de tes jambes, sans un un regard en arrière; et si tu tiens à ta peau, ne t'avise jamais de te trouver sur notre chemin. »

Au moment d'enjamber l'appui de la fenêtre pour se précipiter dehors, l'aventurier jeta ces paroles :

« Je vous souhaite malheur à tous! »

Puis il disparut dans le noir de la nuit.

« Voilà un vilain gibier que nous avons eu tort d'épargner, pensa le vieil archer; j'ai idée qu'il nous causera des embarras plus tard. »

Raoul vint prendre la main de Jehan :

« Votre arrivée ici, avec vos compagnons, dit-il, nous a sauvés d'un sérieux danger; vous êtes donc un hôte deux fois le bienvenu: j'espère que nous deviendrons amis comme l'étaient nos pères.

— C'est mon plus vif désir, répliqua le jeune homme, en rendant son étreinte au jeune châtelain; une première rencontre dans des circonstances comme celle-ci ne s'oublie pas : soyons donc amis comme nos pères l'étaient. »

. . . .

Le lendemain de cette mémorable soirée, Raoul et Odette, seuls dans une des pièces du château, s'entretenaient des événements survenus la veille; ils se félicitaient grandement de l'arrivée si opportune de Jehan et de ses compagnons. Ceux-ci se trouvaient encore à Villebraisne; mais malgré les efforts faits par les deux jeunes châtelains pour les retenir, ils avaient annoncé leur départ pour le lendemain matin. Jehan et Richard avaient hâte d'aller rejoindre l'armée de Louis XI.

Odette disait à son frère d'une voix encore émue :

« Je garderai longtemps le souvenir de l'horrible

scène d'hier soir : il était sinistre, ce misérable chef
de bande, et ses hommes effrayants. »

Raoul sourit.

« Si effrayée que tu fusses, chère sœur, ni ta physionomie ni ta contenance ne trahissaient la peur.

— C'est par un suprême effort de volonté que je
me suis montrée telle. Je ne veux plus être exposée à
la récidive d'une pareille épreuve.

— J'ai déjà donné des ordres en conséquence ; parmi
nos serviteurs, quelques-uns ont été à la guerre ; ils
vont être armés sérieusement, de façon à mettre notre
demeure à l'abri d'une surprise, d'un coup de main. »

La jeune fille eut un geste de protestation.

« La précaution est insuffisante ; sans doute le théâtre
de la guerre doit se rapprocher de notre contrée, avec
tous ses mauvais hasards pour les habitants. Laissons
Villebraisne à la garde de quelques serviteurs, et
hâtons notre départ, déjà projeté.

— Mais réfléchis à ceci, chère sœur : l'armée du
comte de Charolais s'avance pour rencontrer celle du
roi ; l'armée du duc de Bretagne est en marche pour
se joindre aux troupes du comte de Charolais. Donc
d'ici Paris nous devons rencontrer sur les routes, sur
les chemins, beaucoup d'hommes d'armes, d'aventuriers et de malandrins venus de tous les pays. Dans ces
conditions, le voyage ne me semble pas sûr pour toi.

— J'ai déjà pensé à cette circonstance, menaçante
en effet ; aussi je te propose de changer le but et l'itinéraire de notre voyage : au lieu d'aller voir à Paris
notre tante, la dame de Villedouin, allons rejoindre
le camp du roi ; notre bien-aimé père a rendu service

à celui-ci quand il n'était que Dauphin. Louis XI se souviendra de cette circonstance, et nous fera bon accueil. »

Raoul fit un geste d'assentiment.

« Je dois t'avouer que j'ai déjà pensé à aller rejoindre le roi; puisque le projet te plaît, nous allons le mettre à exécution.

— Oui, s'exclama Odette, partons dans le plus bref délai; mais pourquoi ne pas nous joindre à messire Jehan Darc et à ses compagnons? Ce sont de vaillantes gens, et en leur compagnie nous ferons le voyage en toute sécurité. »

Raoul se prit à sourire.

« Décidément, aujourd'hui nous avons des idées semblables. Un départ opéré dans la compagnie de nos nouveaux amis est un projet qui me plaît fort. Mais ils veulent partir demain, seras-tu prête?

— Sois sans inquiétude à ce sujet, dit résolument Odette; demain matin je serai disposée au départ.

— Alors, conclut Raoul, je vais surveiller les préparatifs de notre mise en route; je veux que nous soyons accompagnés d'une suite convenable. »

Le soir au souper, pendant que ses hôtes étaient réunis autour de la table, le jeune châtelain leur tint le langage suivant :

« Messires, avant votre arrivée ici, ma sœur et moi nous avions l'intention de partir pour Paris à l'effet d'aller retrouver une parente. Mais, depuis hier, nous avons réfléchi qu'en raison de la guerre les routes ne sont plus sûres, et nous avons décidé d'aller trouver le roi, et nous sollicitons l'honneur d'effectuer ce voyage en votre compagnie. »

Avec un geste aimable, Jehan répliqua :

« Ce sera un grand honneur pour nous de chevaucher en votre compagnie. »

Puis s'adressant à Odette :

« Mais n'appréhendez-vous pas les fatigues d'un voyage que nous devons exécuter avec la plus grande diligence ?

— Ma sœur, dit alors Raoul, aime l'exercice du cheval; elle est semblable aux chasseresses de l'antiquité, les longues chevauchées la laissent sans fatigue

— Alors tout ira bien, » opina Richard.

Le lendemain matin, tout le monde se trouva prêt pour le départ; Jehan, Richard et Raoul de Villebraisne avaient déjà enfourché leurs chevaux, quand une porte de la demeure seigneuriale s'ouvrit, et Odette descendit les degrés du perron principal. Pour la circonstance, la jeune fille avait endossé le costume masculin qu'elle portait avec une gracieuse aisance. Son vêtement se composait d'un élégant hocqueton en soie brune, sorte de casaque avec des manches bouffantes, enserrant la taille, des hauts-de-chausses terminés par des guêtres en cuir jaune emprisonnant ses jambes; enfin un toquet de soie bleue, surmonté d'une plume, coiffait la tête de la jeune châtelaine, qui avait relevé ses cheveux en bandeaux.

Autour de la taille, elle portait une ceinture d'où pendait une fine épée; et sur sa poitrine, brodées dans la soie du hocqueton, se montraient les armes de la maison de Villebraisne.

Ainsi habillée, Odette ressemblait à un de ces gentils damoiseaux, tels qu'on en voit dans les livres enluminés de la fin du xv° siècle.

Après avoir monté avec une gracieuse agilité sur un cheval que lui amena un des serviteurs du château, elle vint se placer à côté de son frère.

Jehan, agréablement impressionné par la gentille allure de la jeune châtelaine, lui adressa quelques mots aimables que celle-ci accueillit avec courtoisie. Et Richard, frappé aussi de l'aisance d'Odette sous le costume masculin, s'écria gaiement :

« Gracieuse damoiselle, dans notre petite troupe vous allez faire le rôle d'un gentil page. »

La suite des jeunes châtelains de Villebraisne se composait d'une quinzaine de leurs vassaux, hommes vigoureux qui, montés sur des chevaux fringants, avaient une martiale allure. Ce fut le vieil archer qui donna le signal du départ; lorsque la petite troupe s'ébranla pour quitter la cour du château, Nicolas Letordu dit à demi-voix :

« Quand nous avons quitté le pays lorrain, nous n'étions que deux; maintenant nous sommes plus de vingt cavaliers; le roi Louis XI ne peut manquer de nous faire bon accueil. »

IX

Au commencement du mois de juillet 1465, le roi Louis XI, après avoir guerroyé pendant quelques semaines dans le Berry, campait devant la ville de Riom, en Auvergne, avec une armée de quinze mille hommes environ.

Le duc de Bourbon, le propre beau-frère du roi, le premier, avait donné le signal de la révolte. Une déception d'ambition détermina le prince à cette attitude. Il avait cru que son royal beau-frère le créerait connétable; or, cette dignité lui ayant été refusée, il avait signé le pacte du Bien public, et fomenté la révolte dans le Berry. Quand cet événement se produisit, le roi était à Tours; de suite, il pénétra dans le Berry avec une armée solide. Négligeant d'assiéger Bourges, opération qui lui aurait demandé trop de temps, il fit rentrer dans le devoir quelques villes qui s'étaient soulevées en faveur des princes coalisés: Saint-Amand, Moulins, Montluçon, Cusset.

Dans cette campagne, le souverain s'était montré clément envers les garnisons; il n'avait exercé aucune rigueur, aucune vengeance, traitant doucement les habitants, maintenant une exacte discipline dans ses compagnies de gens d'armes.

Le duc de Bourbon, battu, avait dû fuir, obligé de chercher un refuge de château en château. Le Berry pacifié, le roi avait employé plusieurs jours à négocier avec le duc de Nemours et le comte d'Armagnac, auxquels il avait prescrit de venir le rejoindre à Montluçon avec des troupes levées en Guyenne. En réalité, ces deux princes étaient entrés dans la ligue du Bien public; au lieu de venir à Montluçon, ils s'arrêtèrent à Montaigu et dépêchèrent au souverain un émissaire, le sire de Longeac, pour lui demander des sûretés et des avantages, disant que si ceux-ci n'étaient pas accordés, ils ne pourraient pas aller plus loin.

Impatienté de la longueur des pourparlers, Louis XI, après avoir envoyé le capitaine Sallazar et le sire de Giresme garder certains passages de la Loire, pour que la retraite ne lui fût pas coupée, s'était dirigé vers Gannat. La ville et son château, en quelques heures, avaient capitulé.

Ce succès effraya les ducs de Bourbon, de Nemours et le comte d'Armagnac, enfermés dans Riom. Ils demandèrent une trêve au roi, qui la leur accorda avec empressement. La trêve ainsi conclue comprenait l'Auvergne, le Berry et le Bourbonnais. La grande préoccupation de Louis XI était le sort de Paris, dont cent lieues le séparaient. Au commencement de juillet 1465, grave était la situation de la capitale. Le comte de Charolais, le fils du duc de Bourgogne, avec une importante armée, avait franchi la Seine à Saint-Denis; et, en attendant l'arrivée du duc François de Bretagne, il s'efforçait d'entrer dans Paris au moyen de négociations engagées avec les autorités de la cité.

Louis XI comprenait que si les princes coalisés devenaient les maîtres de Paris, la partie était perdue pour lui. Aussi avait-il grand souci de revenir promptement dans la capitale avec son armée, pour organiser une défense sérieuse et pour réconforter les Parisiens par sa présence. En attendant la marche sur Paris, dont le signal allait être donné d'un moment à l'autre, l'armée royal campait à Mosat et à Marsat, deux modestes villages à proximité de Riom; il régnait alors à cet endroit toute l'animation, toute l'activité d'une armée qui fait halte.

Sur les routes qui reliaient les deux villages, c'était une continuelle circulation, un perpétuel défilé de gens d'armes, de cavaliers, d'archers. Dans les plaines, au bord des chemins, se dressaient des tentes, des campements, des feux de bivouacs; plus loin, dans les champs, dans les carrés de verdure, sur la lisière d'un bois broutaient les chevaux de la cavalerie; enfin dans l'air montaient tous les bruits, toutes les rumeurs qui sortent d'une vaste agglomération d'hommes.

L'armée royale avait bel aspect. Jamais, jusqu'alors, on n'avait vu de meilleures compagnies de gens d'armes, ni d'archers mieux exercés. Leur courage était grand et leur bon ordre admirable. Le pays était grevé le moins possible par la présence des troupes, aussi les habitants se montraient-ils partout plus favorables au roi qu'aux princes révoltés, dont les hommes n'avaient ni discipline ni solde.

Louis XI avait installé son quartier général dans une modeste bâtisse qui se dressait sur le bord de la route de Marsat ; des archers aux pittoresques vêtements, — le souverain avait une garde personnelle exclusivement composée de gentilshommes écossais, — étaient placés en sentinelles autour du logis royal.

En cet endroit régnait alors une grande animation, motivée par les allées et venues d'officiers, d'émissaires, de courriers. Ordinairement ces gens étaient reçus par Jean Ballue, évêque d'Évreux, conseiller au Parlement de Paris, secrétaire particulier du roi, homme habile, intrigant, possédant la confiance du souverain. Assisté de deux scribes, l'évêque d'Évreux travaillait dans une pièce du rez-de-chaussée de la maison, contiguë à celle où se tenait son maître.

Louis XI, absorbé par l'étude de ses plans, par la lecture de sa correspondance, n'accordait audience que lorsque le motif de l'entretien ou la qualité du visiteur était d'importance.

En ce moment, le roi, enfermé dans une salle basse aux murs crépis à la chaux, était assis devant une table chargée de parchemins, de papiers, de lettres, paraissant absorbé par un laborieux travail de méditation. Sa physionomie annonçait la contention des pensées, la perplexité de son esprit.

A cette époque, le roi avait quarante-trois ans, — étant né en 1423 ; — de taille plutôt petite, d'aspect chétif, sa personne manquait de cette allure royale, de cette grâce extérieure qui étaient au nombre des avantages de Charles VII.

Louis XI avait le visage autoritaire, avec des traits sévères, des yeux durs, une bouche aux lèvres minces, où le sourire ne se montrait que rarement. La face était glabre, les cheveux coupés en brosse, déjà grisonnants; les sourcils très fournis et demeurés noirs. Deux rides profondes, balafrant les joues aux coins de la bouche, donnaient à sa physionomie un aspect de flétrissure précoce; le front apparaissait également très ridé. Son accoutrement était des plus modestes : une jaquette de laine brune s'unissait à des hauts-de-chausse de même étoffe; mais dans un coin de la pièce se montraient ses armes et les pièces de son armure.

Avec une attention profonde, le souverain contemplait une carte de France placée sous ses yeux; il étudiait l'itinéraire de Riom à Paris; et des réflexions involontaires proférées tout haut trahissaient la préoccupation de son esprit.

« De Riom à Paris, murmurait-il, c'est une marche de cent lieues à faire; dès demain, mon armée se mettra en route. Il faut compter des étapes de dix lieues, je dois donc être rendu dans ma capitale, le 16 ou 17 juillet. Les bourgeois de Paris, qui m'aiment parce qu'ils savent que j'aime le peuple, résistent avec énergie aux troupes du comte de Charolais; ma présence fortifiera la défense. La partie serait perdue pour moi si les princes rebelles devenaient maîtres de Paris. Maintenant il se peut que Charolais s'avance à ma rencontre pour me barrer la route de la capitale.

Eh bien! je lui passerai sur le corps; mon armée est moins nombreuse que la sienne, mais elle est plus solide, plus aguerrie! ce sont de braves soldats que mes archers. »

Bientôt un pli profond creusa le front du roi; le rappel d'un péril auquel, tout d'abord, il n'avait pas pensé, revenait à son esprit; et il continua ainsi son monologue:

« En ce moment le duc de Bretagne et le duc de Berry, mon frère, remontent la Loire avec une armée importante; s'ils réussissent à rejoindre le comte de Charolais avant que je sois rentré dans Paris, la partie sera bien périlleuse pour moi : je pourrais essuyer une défaite, et les Parisiens n'aiment pas les rois vaincus!... L'essentiel est donc d'être rendu promptement à Paris. J'ai donné ordre à Jean Ballue de partir en avant pour aller annoncer ma prochaine arrivée aux Parisiens, sachons s'il a fait ses préparatifs. »

Alors le souverain fit entendre un appel, et aussitôt, une porte de communication s'ouvrant, un homme apparut sur le seuil. Le nouveau venu était de haute taille, corpulent, paraissant la quarantaine; il portait un vêtement moitié ecclésiastique, moitié militaire. Ce personnage n'était autre que Jean Balue, conseiller clerc au Parlement de Paris, évêque d'Évreux, secrétaire, aumônier du roi, enfin un de ses favoris. Au nombre des griefs que la noblesse nourrissait contre Louis XI était celui d'avoir disgracié, lors de son avènement au trône, les principaux serviteurs de son père Charles VII, tous gentilshommes de grande naissance, de passé glorieux, et d'avoir remplacé ceux-ci par des gens de condition obscure et sans antécédents sérieux. Jean Balue appartenait à la catégorie de ces derniers. Né au bourg d'Angle, dans le Poitou, esprit délié, caractère intrigant, il était le fils d'un tailleur. Après être entré jeune dans les ordres, il était

« Es-tu prêt à partir pour Paris? » demanda brusquement Louis XI.

devenu grand vicaire de Jean de Beauveau, évêque d'Angers. Il avait fait dans cet emploi un scandaleux commerce de bénéfices, à l'insu de son maître. Plus tard, au retour d'un voyage à Rome, Jean Balue avait été présenté à Louis XI par Jean de Méline, un de ses favoris. Il demeura à la cour et s'insinua dans les bonnes grâces du souverain par sa souplesse et sa conformité de caractère avec celui du prince. Il l'avait accompagné dans la présente guerre. Graduellement, il conquit ainsi tous les emplois.

Après s'être avancé vers le roi, l'évêque d'Évreux demeura debout, silencieux, attendant que celui-ci lui adressât la parole.

« Es-tu prêt à partir pour Paris? demanda brusquement Louis XI; ta mission est d'annoncer aux Parisiens mon arrivée prochaine. »

Jean Balue s'inclina.

« Mes dispositions sont prises, je peux me mettre en route à l'instant; pour arriver plus vite à destination, je pars à cheval avec une escorte de quelques cavaliers. »

Le roi approuva du geste :

« Tu partiras ce soir, à la tombée de la nuit; crève le nombre de chevaux qu'il faudra, mais sois après-demain à Paris.

— Je promets à Votre Majesté d'être rendu à Paris dans le délai qu'elle me fixe. »

Alors le souverain, prenant sur la table un pli scellé, le remit à l'évêque d'Évreux.

« Tu porteras toi-même ce message à Charles de Melun, qui commande une partie de nos troupes à Paris. Au nombre des instructions que je lui donne, il en est une très importante et à laquelle doivent s'associer tous mes serviteurs, c'est la perpétuelle surveillance de la Bastille et de ses moyens de défense. »

Jean Balue eut un mouvement d'approbation.

« En effet, la Bastille, c'est la clef de Paris.

— La Bastille prise, continua Louis XI, les princes

rebelles deviendraient aussitôt maîtres de la capitale, et leurs troupes, — où il y a des mercenaires de tous les pays, — feraient de Paris un véritable champ de pillage. »

L'évêque d'Évreux se prit à sourire :

« Certes Paris serait une belle proie pour tous ces mercenaires qui ne reçoivent pas de solde ; les bons bourgeois de la capitale seraient-ils assez molestés, assez rançonnés ! »

Le roi éleva la voix :

« C'est là une vérité, une menace dont les membres de notre clergé et de notre Parlement doivent bien avertir les Parisiens ; que ceux-ci, dans leur propre intérêt, fassent bonne garde et ne prêtent pas l'oreille aux promesses faites par les rebelles pour obtenir l'entrée de Paris.

— Comme prêtre et comme membre du Parlement, répliqua Jean Balue, je promets à Votre Majesté d'employer tout mon temps, toute mon activité, à l'accomplissement de ces instructions. »

Louis XI enveloppa son confident d'un regard ironique.

« Pas d'inutiles protestations, je sais que je puis compter sur ton zèle ; tu es ambitieux, et tu n'es pas encore parvenu au rang que te suggère cette ambition. »

L'évêque d'Évreux prit une contenance modeste, et sa voix se fit humble :

« Le désir, la volonté de servir utilement Votre Majesté dans le présent, comme je l'ai fait dans le passé, me vaut la réputation d'être un ambitieux ; je suis bien décidé à mériter toujours pareille renommée.

— Certes, tu n'es pas sans valeur, poursuivit le roi, autrement je ne t'emploierais pas. Je ne nie pas que tu ne m'aies rendu quelques services, mais je t'ai largement récompensé.

— Votre Majesté a été suffisamment généreuse envers moi, murmura Jean Balue; je ne désire plus rien. »

Un sourire sarcastique apparut sur les lèvres minces du souverain.

« N'essaie pas de dissimuler, tu aspires à la robe de pourpre, au chapeau de cardinal. »

Les yeux de l'évêque d'Évreux brillèrent. Le roi avait dit vrai, l'ambitieux prélat désirait ardemment la pourpre.

« Sire, exclama-t-il, le jour où Votre Majesté demandera à notre saint-père de m'octroyer cette haute dignité sera le jour le plus glorieux de ma vie, car j'aurai la certitude que vous ne conserverez plus d'arrière-pensée sur le dévouement que je vous porte. »

Louis XI eut un haussement d'épaules.

« Nommé cardinal, tu voudrais devenir pape. Si jamais tu as la pourpre, ce sera peut-être un malheur pour toi; alors tu serais sans doute tenté de me trahir, de faire cause commune avec mes ennemis : tu le sais, je suis sans pitié pour les fauteurs de trahison. Mais cela c'est l'avenir; revenons au présent. Tiens-toi prêt à partir ce soir pour Paris, et garde en mémoire toutes mes instructions. »

A cet instant, un officier de la garde écossaise entra
dans la pièce. C'était un homme de haute taille, de
figure martiale, habillé du costume pittoresque de son
pays.

« Sire, dit-il après s'être profondément incliné,
quelques-uns des capitaines de l'armée de Votre
Majesté réclament l'honneur d'une audience. »

Louis XI fit un signe de consentement.

« Introduis ces vaillants capitaines; ils sont les bienvenus, j'ai des instructions à leur donner. »

Puis, s'adressant à Jean Balue, qui se disposait à
rentrer dans la pièce voisine :

« Tu peux demeurer ici. »

En souriant, l'évêque d'Évreux répliqua :

« Sire, vos capitaines jugent que, comme membre
de l'Église, je me mêle trop des choses de l'armée,
lesquelles m'intéressent fort. Ma présence dans le conseil que Votre Majesté va tenir leur causerait certainement du déplaisir. »

Puis, s'étant incliné devant le roi, Jean Balue rentra
dans la pièce voisine. Alors furent introduits par l'officier de la garde écossaise les principaux capitaines de
l'armée royale. C'étaient le maréchal de Comminges,
l'amiral de Montauban, Louis de Brézé, grand sénéchal de Normandie, les sires de Giresmes, Coussinot,
Sallazar; et avec eux se trouvaient aussi Geoffroy de
Saint-Belin, bailli d'Évreux, Floquet, bailli de Meaux,
et Philippe de Lavan. Tous ces vaillants capitaines
étaient en tenue de guerre, quelques-uns même avaient
gardé l'armure; la tête coiffée du casque, tous avaient
la figure énergique et la contenance franche, martiale,

d'intrépides soldats qui ont conscience de se battre pour une bonne cause.

Après une profonde révérence, ils se tinrent debout, silencieux, attendant que le roi leur adressât la parole.

Ce dernier regardait avec une visible satisfaction ses courageux compagnons d'armes, dociles à ses ordres, dévoués à sa cause, prêts aux belles actions guerrières.

« Mes excellents compagnons, leur dit-il, vous êtes les bienvenus, je vous attendais. D'avance j'ai préparé pour chacun de vous des instructions que vous devrez suivre exactement. Nous allons quitter cette contrée. Demain matin nous reprenons la route de Paris. Paris, en ce moment assiégé par l'armée du comte de Charolais, a besoin d'être promptement secouru. »

Un mouvement de satisfaction se manifesta parmi les capitaines; déjà ils savaient que l'armée allait quitter l'Auvergne, mais sans connaître encore sa nouvelle orientation.

« Avant de nous diriger sur Paris, continua le roi, j'ai voulu prendre les mesures nécessaires pour assurer le maintien des avantages que notre campagne nous a déjà procurés. Ainsi j'ai pourvu à la sûreté de l'Auvergne : cinq mille hommes sont rassemblés sur les frontières du Languedoc pour prévenir l'infraction que pourraient faire à notre traité les ducs de Bourbon, de Nemours et le comte d'Armagnac. J'ai confié la garde du Dauphiné au prince Galéas, le fils du duc de Milan, un ami dévoué, un allié actif. »

Après avoir proféré ces paroles, le roi se tut.

Alors Louis de Brézé, grand sénéchal de Normandie, auquel Louis XI permettait une certaine familiarité, en raison de son esprit et de sa bonne humeur, se hasaıda de dire :

« Ces mesures, qui attestent la prévoyance de Votre Majesté, sont opportunes ; nos compagnies, nos hommes d'armes, chemineront plus gaillardement ve.s Paris, quand ils sauront que rien ne les menace derrière eux. »

Le roi, ramassant sur sa table plusieurs plis fermés et cachetés, en remit un à chacun de ses lieutenants.

« Vous trouverez là-dedans, dit-il, les instructions dont chacun de vous devra s'inspirer pendant la durée de notre marche sur Paris. Cent lieues nous séparent de notre capitale. J'ai calculé que mon armée doit faire ce trajet en dix étapes, c'est-à-dire en dix jours. L'évêque d'Évreux va partir pour annoncer aux Parisiens notre arrivée dans ce délaı. »

Louis XI fit une pause, regardant ses capitaines, pour juger l'effet produit par ses paroles.

« Votre Majesté me permet-elle une observation ? demanda alors le maréchal de Comminges.

— Parlez, maréchal.

— Nous pouvons arriver sous les murs de Paris en moins de dix jours ; nos hommes d'armes sont vigoureux, habitués aux longues marches ; certainement la perspective de se mesurer avec les Bourguignons les excitera à brûler les étapes.

— Vous dites là une vérité, maréchal, répliqua Louis XI ; mais le comte de Charolais essaiera sans doute de nous barrer la route ; son armée étant plus nombreuse que la mienne, je ne veux accepter la bataille qu'avec des hommes frais et dispos.

10

— Votre Majesté a raison, opina l'amiral de Montauban et, puisque nous devons nous mesurer avec
un ennemi supérieur en nombre, gardons par devers
nous le plus de chances de succès.

— Nous savions déjà, dit alors Louis de Brézé, que
les Bourguignons assiègent Paris; Votre Majesté est-
elle renseignée sur l'état d'esprit des Parisiens?

— Excellent, l'état d'esprit des Parisiens, s'exclama
le roi; les bourgeois de ma capitale m'aiment, parce
qu'ils savent que j'aime le peuple. Ces braves gens
devinent également que les princes rebelles ont peu de
souci du bien public, dont ils parlent sans cesse, et
qu'ils font la guerre uniquement pour avoir de l'argent,
des apanages, des domaines. Toutes ces circonstances
ont donné de l'élan, du courage aux habitants de ma
capitale. Quand ils ont appris l'arrivée du comte de
Charolais et de son armée dans le voisinage de Paris,
les échevins ont remis en vigueur les anciennes ordonnances concernant la garde, la sûreté de la ville; les
chaînes des rues ont été réparées et remises en état;
plusieurs portes ont été murées, notamment les portes
Saint-Denis, Saint-Martin et Montmartre. Dans les
églises des prédicateurs font des sermons en faveur de
notre cause, et des processions sont célébrées pour
appeler la bénédiction du Ciel sur nos armes. »

Avec une manifeste satisfaction, les capitaines de
l'armée royale écoutèrent les nouvelles données par le
souverain sur l'état d'esprit des Parisiens.

Après une pause, Louis XI ajouta :

« Dernièrement les Bourguignons, sous prétexte de
demander des vivres, se sont approchés de la porte

Saint-Denis et ont essayé d'entrer en pourparlers ; les Parisiens, sans vouloir les écouter, les ont vaillamment repoussés. Oui, l'état d'esprit de Paris est excellent, et nous sommes assurés d'une chaude réception, surtout si nous battons les gens du comte de Charolais sur notre passage. »

Le roi se tut. Il avait épuisé la série des communications auxquelles ses lieutenants devaient être initiés.

Alors Louis de Brézé demanda :

« Votre Majesté ne nous défend pas de faire part à nos hommes de ces excellentes nouvelles? »

Le souverain eut un geste de consentement.

« J'approuve de votre part toute manifestation qui a pour but d'entretenir le bon esprit et le bon vouloir de notre armée. »

Ces paroles proférées, Louis XI fit signe que l'audience était terminée ; et les capitaines, s'étant profondément inclinés, se retirèrent.

L'AUDIENCE ROYALE

Demeuré seul, le roi prit de nouveau place devant sa table, s'absorbant dans la lecture des lettres, des documents épars autour de lui. Depuis quelques instants, il était ainsi occupé par ce travail, lorsque la porte de communication s'étant rouverte, Jean Balue fit une nouvelle apparition. Vivement, Louis XI releva la tête, la figure sévère, les sourcils froncés.

« Je ne t'ai pas demandé, dit-il d'un ton brusque ; que veux-tu ? »

L'évêque d'Évreux s'inclina :

« Que Votre Majesté me pardonne de la troubler : Deux jeunes gentilshommes, arrivés au camp avec leur suite, demandent à voir le roi le plus tôt possible. »

Louis XI eut un geste d'impatience :

« Je n'ai pas le temps ; donne audience à ces gens, tu me rapporteras leurs sollicitations.

— J'ai déjà eu un entretien avec ces gentils-hommes ; et c'est Votre Majesté elle-même qu'ils désirent voir. Peut-être croient-ils avoir droit à cette faveur. »

Le souverain regarda l'évêque d'Évreux avec un commencement de curiosité.

« Tu sais le nom de ces gentilshommes?

— Certes, l'un, — le plus jeune, — s'appelle Jehan Darc, il est fils de Pierre Darc, chevalier du Lys, frère de Jehanne Darc. Ce jeune homme est accompagné d'un vieil écuyer qui n'est autre que Richard l'archer, un des compagnons d'armes de la pucelle d'Orléans. »

Alors une nuance de vive surprise se peignit sur le visage du roi.

« Le fils du frère de Jehanne Darc, ici, dans mon camp! exclama-t-il; que désire-t-il? que sollicite-t-il?

— Il réclame l'honneur de servir Votre Majesté dans la guerre qu'elle soutient contre les princes rebelles! »

Puis, comme un doute traversait l'esprit de Louis XI, il demanda :

« Es-tu sûr que l'écuyer qui accompagne ce jeune homme soit Richard l'archer, l'ancien compagnon d'armes de Jehanne la Pucelle? »

Jean Balue eut un geste d'affirmation :

« Ce vaillant homme m'a montré un parchemin signé par le sire de Baudricourt attestant qu'il fut un des six compagnons qui accompagnèrent Jehanne de Domremy dans son voyage de Vaucouleurs à Chinon. »

Un éclair de satisfaction passa dans les yeux du roi, et il murmura :

« Un parent, un ancien compagnon d'armes de Jehanne Darc dans mon armée, à la veille de marcher sur Paris, c'est là un favorable présage. »

Louis XI avait l'esprit superstitieux; il aimait à tirer des conséquences de présages favorables ou défavorables à ses desseins.

Alors l'évêque d'Évreux, empressé de s'associer à l'opinion du roi, répliqua :

« Certes, la présence d'un neveu de Jehanne Darc parmi nos hommes d'armes produirait un excellent effet sur eux; laissez-moi apprendre enfin à Votre Majesté que ce jeune homme est accompagné d'un gentilhomme, — jeune aussi, — avec lequel il paraît très lié et qui réclame également une audience.

— Comment se nomme-t-il?

— Raoul de Villebraisne; il m'a déclaré que Votre Majesté tenait en haute estime son père, le comte de Villebraisne, mort récemment. »

Louis XI manifesta un mouvement de surprise.

« Le comte de Villebraisne est mort? Ah! la triste nouvelle! »

Puis il ajouta lentement :

« C'était un loyal gentilhomme; il avait été un courageux soldat: je perds en lui un ami fidèle, dévoué, désintéressé.

— Votre Majesté est-elle disposée à donner audience à ces deux gentilshommes? reprit Jean Balüe.

— Certainement je veux les voir de suite, ainsi que l'archer Richard; va les querir.

— Ces jeunes gentilshommes vont être avertis de la faveur que leur fait Votre Majesté; leur campement est installé non loin d'ici. Dans quelques instants, ils seront en présence de leur roi. »

Après avoir respectueusement salué le souverain, l'évêque d'Évreux sortit de la pièce.

Jehan Darc et ses compagnons avaient chevauché pendant deux jours avant d'atteindre Marsat, où était campée l'armée royale. En hâte, ils s'étaient installés dans une masure que des paysans leur avaient cédée provisoirement pour quelques écus; puis, après information, ils avaient été voir Jean Balue pour le solliciter de réclamer une audience du roi. On voit que l'évêque d'Évreux, impressionné par leurs noms, avait accédé de suite au désir des deux jeunes gentilshommes.

Demeuré seul, Louis XI pensa de nouveau que l'arrivée fortuite de Jehan Darc et de l'archer Richard était décidément une circonstance favorable.

« J'ai hâte, murmura-t-il, de voir, d'interroger ce jeune homme, de juger s'il est au niveau de son nom et de sa parenté. »

En ce moment, l'officier de la garde écossaise de service se montra dans l'encadrement de la porte.

Le roi eut un geste d'impatience.

« Je n'ai le temps de recevoir personne.

— Le seigneur Galeotti, continua l'officier, désire voir Votre Majesté.

— Ce savant homme fait exception, dit vivement le souverain, je l'attendais. »

Et aussitôt pénétra dans la pièce un personnage d'âge mûr, grand, fort, de belle prestance. C'était Galeotti Martinvalle, philosophe, chimiste, astrologue, qui jouissait alors en Europe d'une haute réputation.

Celui-ci, né en Italie, avait vécu pendant plusieurs années à la cour de Mathias Corvin, roi de Hongrie ; plus tard, attiré en France par les offres libérales de Louis XI, il s'était attaché à sa personne. Quoiqu'il fût très éclairé, très lettré, le fils de Charles VII avait l'esprit superstitieux, — avons-nous déjà dit, — volontiers il croyait à la réalité des sciences occultes, à l'astrologie notamment ; il attribuait aux astres de l'influence sur les actions humaines, et il faisait inspecter les planètes toutes les fois qu'il méditait une résolution importante. Avec une telle disposition de caractère, il avait été désireux de retenir dans son entourage un astrologue aussi réputé que Galeotti Martinvalle. Ce dernier possédait une stature majestueuse, une tête expressive ; une abondante barbe noire, descendant jusque sur sa poitrine, complétait le relief de sa personne.

Un justaucorps de velours noir enserrait son torse puissant ; des hauts-de-chausses en drap gris, de grandes bottes en cuir jaune, achevaient son vêtement ; une ceinture, d'où pendaient une épée et une gibecière de peau ; un toquet de velours, orné d'une plume, coiffait sa tête ; et un court manteau, jeté sur ses épaules, attestait que l'astrologue s'habillait plutôt en courtisan qu'en vieux savant.

Après avoir salué le roi, Galeotti, silencieux, attendit que ce dernier lui adressât la parole.

« Je vous attendais, maître, dit Louis XI ; avez-vous accompli le travail que je vous ai demandé ? »

Galeotti eut un mouvement affirmatif :

« Depuis plusieurs soirées, j'étudie les astres, j'interroge les planètes, et voici le résultat de mes études. »

Et le savant, après avoir déployé un parchemin couvert de signes cabalistiques, entremêlés avec des dessins de planètes, le plaça sous les yeux du roi. Celui-ci, initié à l'écriture de la cabale, examina curieusement le parchemin et discerna la signification mystérieuse de ce travail. Alors, une expression de contentement apparut sur son visage.

« Oui, murmura-t-il, la consultation des astres pronostique le succès de la marche de mon armée vers Paris.

— Sire, expliqua l'astrologue, non sans une certaine solennité, les influences sidérales sont favorables à vos projets ; plusieurs fois j'ai recommencé mes calculs, toujours ils ont confirmé ce pronostic. »

La taille de Louis XI se redressa, ses yeux brillèrent.

« Voilà un précieux encouragement, bien fait pour me soutenir dans ma lutte contre les princes rebelles. »

Puis, après avoir de nouveau examiné le parchemin, il ajouta :

« La position de la Lune, en regard de celle de Saturne, n'indique-t-elle pas que mes gens et moi nous aurons à essuyer un choc, une surprise, une péripétie violente ?

— Certes, répondit Galeotti, avant de rentrer dans Paris une lutte se produira, et dont l'issue sera heureuse pour Votre Majesté. »

Louis XI sourit :

« Je comprends : cela présage que, pendant notre marche, nous rencontrerons les Bourguignons, et que nous les battrons.

— L'interprétation est exacte. »

Alors l'astrologue montra du doigt sur le parchemin un signe se détachant en relief au milieu de l'écriture cabalistique.

« Considérez bien, dit-il au roi, la position de Jupiter ; elle m'apparaît singulièrement opportune. »

Après avoir considéré de nouveau le document, le roi demanda :

« En effet, il y a presque conjonction entre Jupiter et Saturne ; quelle conséquence votre génie divinatoire tire-t-il de ce fait ? »

Et, avec sa solennité habituelle, Galeotti laissa tomber ces paroles :

« Sire, la circonstance m'autorise à pronostiquer que le départ de votre armée pour Paris va s'accomplir avec une coïncidence heureuse.

— Une coïncidence heureuse ? répéta le roi.

— Oui, un fait va se produire qui doit encore réconforter le courage, le bon vouloir des hommes d'armes de Votre Majesté. »

Une pensée traversa l'esprit du roi.

« J'y songe, murmura-t-il, l'arrivée dans mon camp d'un parent, d'un ancien compagnon d'armes de Jehanne Darc, est peut-être l'événement favorable pronostiqué par les astres. »

L'astrologue regarda Louis XI avec des yeux interrogateurs :

« Votre Majesté vient de rappeler le nom glorieux
de la Pucelle d'Orléans ; dans votre pensée, ce rappel
est donc de circonstance? »

Le souverain eut un geste affirmatif :

« En ce moment, j'attends le fils du frère de Jehanne
Darc avec un des anciens compagnons d'armes de la
Pucelle d'Orléans ; ils viennent me demander très pro-
bablement de les recevoir dans mon armée. »

Alors le visage de Galeotti, habituellement impas-
sible, s'anima :

« Ah! l'heureuse aventure! exclama-t-il ; la présence au milieu de votre armée d'un neveu de Jehanne
Darc, d'un ancien compagnon d'armes de celle-ci,
croyez-le, sire, c'est là le présage favorable annoncé
par les astres. »

L'astrologue avait à peine fini de proférer ces paroles,
que Jean Balue se montra de nouveau dans l'encadrement de la porte.

« Les deux gentilshommes que tu m'as annoncés
sont-ils arrivés? demanda vivement le roi.

— Sire, je les précède ; auquel d'entre eux Votre
Majesté accorde-t-elle d'abord audience?

— Je veux les recevoir ensemble, ainsi que l'archer
Richard ; mais tu me présenteras le premier le jeune
comte de Villebraisne, puisque c'est le fils d'un homme
qui fut mon ami dévoué. »

Comme Galeotti faisait un mouvement pour se retirer, le roi lui dit à demi-voix :

« Restez ici, arrangez-vous pour observer la main de
Jehan Darc ; si les lignes de la main de ce jeune gentilhomme vous apparaissent heureuses, suivant les

règles de chiromancie, cette circonstance augmentera ma bienveillance pour lui. »

Pareille recommandation étant dans les habitudes de Louis XI, l'astrologue ne parut pas surpris, et se retira dans un angle de la pièce pour regarder la scène qui allait se passer.

« Considérez bien, dit-il au roi, la position de Jupiter. »

Bientôt l'évêque d'Évreux reparut, amenant avec lui Jehan Darc, Raoul de Villebraisne et Richard l'archer. Ces derniers avaient gardé leur accoutrement guerrier; ils s'inclinèrent respectueusement devant le souverain, qui, d'abord, les considéra avec une nuance de curiosité sympathique.

La vue de Louis XI causait une grande émotion à

Jehan. Ce trouble rendait sa contenance timide ; puis, un doute le hantait : malgré l'éclat de son nom, le souverain agréerait-il l'offre de ses services ? Son compagnon, Raoul de Villebraisne, en proie à une émotion moindre, montrait un maintien plus décidé ; quant à Richard, il gardait son habituelle allure de vaillant homme d'armes que rien n'intimidait.

Suivant l'ordre qui lui avait été donné, Jean Balue nomma le premier Raoul de Villebraisne. Alors celui-ci fit quelques pas en avant, puis attendit en silence que le souverain lui adressât la parole.

Après avoir enveloppé le jeune homme d'un de ces regards scrutateurs qui lui étaient habituels, Louis XI laissa tomber ces paroles :

« J'ai appris avec un vif regret la mort du comte de Villebraisne, votre père ; il fut pour moi un ami vaillant, dévoué, fidèle ; son fils, qui doit être digne de lui, a droit à mon attention et à ma protection.

— Les paroles de Votre Majesté, répondit Raoul avec émotion, honorent grandement la mémoire de mon père, et la promesse de protection que vient de me faire le roi de France m'impose une dette de reconnaissance que ma vie ne sera pas assez longue pour acquitter. »

Un sourire effleura les lèvres minces du souverain.

« Vous avez désiré me voir, vous avez donc une requête à me présenter ? parlez. »

Encouragé par l'accueil bienveillant de Louis XI, le jeune seigneur de Villebraisne, d'une voix vibrante, proféra cette réponse :

« Mes aïeux, mon père, ont été de vaillants et loyaux

chevaliers ; toujours ils ont fidèlement servi le roi et la France. Eh bien ! sire, j'éprouve une pareille ambition ; j'aime le métier des armes, leur maniement m'est familier ; je désire donc servir dans l'armée de Votre Majesté ; et, en ce moment, ce désir est d'autant plus vif que l'occasion est propice pour affronter des dangers et acquérir de la gloire. »

Le roi eut un geste de consentement.

« Voilà une résolution et des paroles dignes du vaillant gentilhomme dont je déplore la perte : j'agrée votre requête, je vous emmène à Paris. »

Alors Raoul, très ému, murmura :

« Sire, merci, vous exaucez le plus cher de mes désirs. »

Puis, sur un signe de Jean Balue, il s'effaça pour permettre à Jehan Darc de se rapprocher de Louis XI.

« Le chevalier Jehan Darc, le fils du chevalier Pierre Darc, chevalier du Lys, et frère de la Pucelle d'Orléans, » dit l'évêque d'Évreux.

Très ému, le jeune homme s'inclina de nouveau, gardant un respectueux silence.

Attentivement le roi regarda Jehan, dont la personne se trouvait placée dans la pleine lumière du jour, et une nuance de vive surprise parut sur la physionomie de Louis XI.

« Ah ! l'étrange ressemblance ! murmura-t-il en s'adressant au jeune homme ; votre visage révèle votre glorieuse parenté. Je garde dans mon château des Tournelles, à Paris, un portrait de Jehanne de Domremy, peint sur parchemin, et qui m'a été donné par mon père. Votre ressemblance avec la glorieuse fille

est grande ; ce doit être pour vous un présage de
bonheur dans la vie.

— Sire, répliqua Jehan, merci de vos bienveillantes
paroles ; cette ressemblance de visage avec notre glorieuse parente est mon seul mérite, et je l'invoque
pour solliciter une faveur de Votre Majesté. Une lettre
de mon père que j'apporte formule ma requête en un
meilleur langage que celui dont je pourrais user.

— Remettez-moi cette lettre, dit le roi avec bienveillance, je veux la lire de suite. »

Après avoir tiré d'une des poches de son justaucorps la missive paternelle, Jehan la remit au souverain.

Alors un silence tomba dans la pièce ; chacun avait
les regards tournés vers Louis XI, qui s'était assis pour
prendre connaissance de la lettre du chevalier du Lys.
Malgré son émotion, une réflexion hantait l'esprit du
jeune homme. Le roi de France, habillé d'un vêtement
si simple, au milieu de cette chambre rustique, lui apparaissait un peu dépourvu de prestige. Et il se rappelait
que son père lui avait souvent raconté que Charles VII
se montrait à ses sujets, à ses soldats, vêtu d'habits
magnifiques, au milieu d'un cortège de pompe et de
luxe.

Après avoir achevé la lecture de la lettre, Louis XI,
se tournant vers Jehan, lui dit :

« Le chevalier du Lys, votre père, m'apprend que
vous avez grand désir de me servir ; il me confie que,
si le maniement des armes vous est peu familier, vous
êtes savant, lettré, et animé de bon vouloir.

— Oui, sire, je possède beaucoup de bon vouloir,

s'exclama spontanément le jeune homme qui s'enhar-
dissait, je supplie Votre Majesté de me mettre à
l'épreuve et de me rendre ainsi possible l'accomplissement du dernier vœu formulé par Jehanne
Darc. »

Le roi, ne comprenant pas le sens de ces paroles,
regarda Jehan avec une nuance de surprise.

« Vous parlez d'un dernier vœu de Jehanne Darc ! en
aurait-elle donc exprimé un qui regardât spécialement
votre père ou vous ?

— Jehanne la Glorieuse, continua Jehan, avait prévu
la guerre que Votre Majesté soutient aujourd'hui
contre les princes rebelles. Ses *Voix* lui avaient
annoncé cet événement ; elle a voulu répéter cette prédiction à son compagnon d'armes, Richard l'archer, le
même qui est ici présent, et qui avait réussi à s'introduire dans son cachot de la tour de Rouen.

— Eh quoi ! interrogea Louis XI, dont la surprise
allait croissant, Jehanne la Pucelle, bien des années
d'avance, aurait prédit, annoncé la présente guerre ?
Mais comment l'archer Richard a-t-il pu pénétrer dans
sa prison si exactement surveillée, gardée par les
Anglais ? »

Jusque-là le vieil archer s'était tenu silencieux, immobile dans un angle de la pièce. A l'évocation de son
nom, il s'avança vers le souverain.

« Que Votre Majesté, dit-il, me permette d'interve-
nir dans cet entretien, puisque mon nom vient d'être
cité. Voici la circonstance dans laquelle je vis, pour la
dernière fois, la glorieuse fille de Domremy. Au mois
de mai 1431, je fus fait prisonnier avec Xaintrailles

quand ce vaillant chevalier tenta de marcher sur Rouen pour s'emparer de la ville et pour délivrer la Pucelle d'Orléans ; on nous enferma dans le château de Rouen où était détenue la malheureuse prisonnière. Alors je fus pris de l'ardent désir de voir celle-ci une dernière fois. A cette époque, je parlais un peu l'anglais et j'avais réussi à cacher un certain nombre de ducats. Avec cet argent, je corrompis un des gardiens de Jehanne qui me permit d'entrer dans son cachot. Quand je fus en présence de celle-ci, je me jetai à ses genoux, la priant de me confier sa dernière volonté, lui promettant de la répéter à qui de droit, aussitôt ma liberté recouvrée. Alors Jehanne m'apprit que ses *Voix* lui avaient annoncé qu'à un moment donné, une guerre civile éclaterait en France, et qu'elle voulait qu'un membre de sa famille suivît l'exemple de patriotisme fourni par elle, c'est-à-dire qu'il allât offrir ses services au roi. Je promis à la sainte fille de remplir cette mission, si Dieu me prêtait vie. Les années s'écoulèrent ; après avoir quitté l'armée, je me retirai à Coussy, mon pays natal. Dernièrement, quand a commencé la guerre que les princes révoltés font à Votre Majesté, je voulus remplir la promesse que j'avais faite à Jehanne et je me rendis à Orléans, où je savais trouver son frère Pierre Darc et sa famille, et je lui répétai l'entretien que j'avais eu avec sa glorieuse sœur dans le cachot de Rouen. »

Richard se tut.

Cette révélation avait rendu Louis XI songeur ; la prédiction de la Pucelle d'Orléans, et relative à la guerre présente, frappait son esprit.

« Alors, demanda-t-il au vieil archer, vous êtes bien sûr que, dans votre dernière entrevue avec Jehanne Darc, elle vous a révélé que ses *Voix* lui prédisaient la guerre que je soutiens présentement contre les princes rebelles ?

— Je jure à Votre Majesté, répéta Richard, que la glorieuse fille de Domremy m'a fait confidence de cette prédiction ; sur ce point, ma mémoire n'est pas en défaut. Si Pierre Darc n'avait pas été convaincu de la vérité de mes paroles, il ne m'aurait pas confié son fils chéri. Affaibli par l'âge et les infirmités, le chevalier du Lys ne peut remplir les dernières volontés de Jehanne Darc ; il a donc permis à son fils, ici présent, de prendre sa place. »

En silence, Jehan avait écouté le récit du vieil archer. Quand celui-ci eut terminé, le jeune homme s'adressa ainsi au roi :

« A présent, Votre Majesté connaît le motif de ma présence ici. Que décide-t-elle ?

— L'obéissance à la dernière volonté d'une sainte comme Jehanne Darc, répliqua gravement Louis XI, est, en effet, un devoir sacré pour sa famille ; je n'aurais garde d'y mettre obstacle. Votre inexpérience dans le métier des armes ne vous empêchera pas de me servir ; vous serez attaché à ma personne, je saurai utiliser votre savoir et votre bon vouloir. »

A l'audition de ces paroles, une grande joie envahit Jehan et, d'une voix étranglée par l'émotion, il balbutia :

« Sire, merci ; votre décision me rend bien heureux. »

Alors Richard intervint.

« Moi aussi, je serais heureux si Votre Majesté pensait que, dans la circonstance présente, un ancien compagnon d'armes de Jehanne Darc ne doit pas rester sans emploi ; je vous jure que l'âge n'a affaibli ni ma vue ni mon bras. »

En donnant cette assurance le vieil archer releva la tête avec tant de vaillance, bomba son torse avec tant de vigueur qu'un sourire effleura les lèvres de Louis XI.

« J'accueille votre requête, dit-il ; en effet, un ancien compagnon d'armes de Jehanne Darc a sa place marquée dans mon armée. Le chevalier du Lys a placé son fils sous votre garde, vous serez l'écuyer de celui-ci.

— Merci de cette faveur, sire, exclama Richard enthousiasmé, vous êtes un grand roi ! la guerre présente tournera à la confusion de vos ennemis.

— Messieurs, acheva le souverain, demain notre armée reprend la route de Paris, tenez-vous prêts. »

L'audience royale était terminée.

Les trois hommes, après s'être profondément inclinés devant Louis XI, se retirèrent, accompagnés par l'évêque d'Évreux. Ils étaient satisfaits, car le roi leur avait tenu le langage qu'ils attendaient de lui.

Après leur départ, l'astrologue Galeotti était demeuré dans la pièce. Louis XI alla vers lui.

« Pendant que j'écoutais l'archer Richard, je vous ai vu échanger à voix basse quelques paroles avec Jehan Darc et considérer sa main.

— En effet, répliqua le savant, j'ai voulu féliciter ce

jeune homme de sa vaillante résolution, et, suivant votre ordre, inspecter les lignes de sa main. L'examen lui a été favorable; Jehan Darc est né sous une heureuse étoile; et le bonheur de son étoile doit rejaillir sur ceux qu'il servira.

— Alors, murmura le roi, la présence du neveu de Jehanne Darc au milieu de mon armée est bien le présage heureux annoncé par les astres. »

LA BATAILLE DE MONTLÉRY

L'armée royale s'était mise en marche pour Paris au jour indiqué par le souverain ; avec discipline et entrain, hommes, cavaliers et archers, — tous grandement désireux de rentrer dans la capitale, — effectuaient les étapes.

Sur leur passage, bourgeois des villes, paysans des campagnes, se montraient favorables et accueillants.

Louis XI avait donné des ordres sévères pour que les habitants des contrées traversées par les troupes, ne fussent ni molestés, ni rançonnés.

L'arrivée de Jehan et de Richard avait produit une grande curiosité dans l'armée ; et bientôt cette curiosité s'accompagna de commentaires sympathiques.

Le roi avait tenu sa promesse. Il avait attaché Jehan à sa maison en qualité de secrétaire et, pendant les marches, celui-ci figurait dans le cortège militaire qui entourait le souverain. L'intelligence déliée, l'activité empressée, la bonne écriture du jeune homme, le rendirent de suite apte à son nouvel emploi. Son travail contenta pleinement Louis XI; mais celui-ci avait voulu donner à son protégé un accoutrement guerrier qui fût, aux yeux de l'armée, un souvenir du passé, un rappel de victoire.

Monté sur un cheval blanc qu'il conduisait avec aisance, Jehan portait une légère armure d'acier étincelant, rappelant celle que Jehanne Darc portait dans les jours de bataille. Un casque, surmonté d'une plume blanche, coiffait sa tête; et sur sa poitrine, barrant sa cuirasse, se montrait une écharpe de soie rouge. Avec joie, le jeune homme revêtit cet accoutrement guerrier qui complétait sa ressemblance avec sa glorieuse parente; et il ne trouva pas trop lourde pour ses épaules l'armure de chevalier.

Lorsque Richard vit pour la première fois Jehan ainsi transformé, il éprouva un accès de joie sincère.

« Quel plaisir me cause votre belle mine! exclamat-il; vous me rappelez Jehanne la Glorieuse, la première fois qu'elle revêtit l'armure que lui avait octroyée le roi Charles VII. »

Raoul de Villebraisne, qui était alors présent, dit au jeune homme :

« Mon cher Jehan, vous serez un parfait chevalier. Je suis heureux d'être devenu votre ami. »

Odette, toujours vêtue de son costume de page, eut un sourire approbatif, signifiant qu'elle partageait l'opinion de son frère.

Raoul suivait l'armée avec les hommes d'armes qui composaient son escorte. Le roi lui avait promis de régulariser sa situation, quand on serait revenu à Paris.

Cependant, ayant remarqué le jeune page qui chevauchait à ses côtés, le roi avait demandé à Raoul :

« Quel est ce gentil page qui se tient à côté de vous? est-ce un parent? un ami? »

Le jeune homme avait répondu gravement :

« C'est ma sœur Odette; je n'ai pas voulu la laisser seule dans notre château, je lui ai fait revêtir l'habit masculin qui lui est familier pour m'accompagner jusqu'à Paris, où je compte la confier à une de nos parentes, la dame de Villedouin. »

Le souverain avait paru agréer cet arrangement.

L'armée royale effectuait donc avec une belle ardeur les étapes prescrites. Pendant les marches, Louis XI, monté sur un cheval fringant, revêtu d'une armure très simple, déployait une grande activité, inspectant tour à tour l'avant-garde et l'arrière-garde de ses troupes, soucieux de stimuler le zèle de ses lieutenants et l'ardeur des hommes d'armes; pendant ces marches, des messagers, des couriers venus de Paris, rejoignaient le roi, le renseignaient sur l'état de la capitale, sur les mouvements des princes rebelles. Les Parisiens demeuraient toujours favorables à la cause royale; le comte de Charolais, après avoir vainement tenté de pénétrer dans Paris, se portait avec son armée à la rencontre de Louis XI pour lui barrer la route.

Le 14 juillet, les troupes royales arrivèrent à Beaugency; le souverain y fut rejoint par un de ses lieutenants, le comte du Maisne. Celui-ci était récemment sorti de Paris avec un corps d'armée pour se porter au devant des Bretons, et les empêcher de se réunir aux Bourguignons. Puis, se jugeant inférieur à ses adversaires par le nombre, le comte du Maine avait préféré se replier vers le roi. Ce dernier tint alors un grand conseil de guerre avec ses capitaines. Son désir, son espérance, était d'éviter toute bataille, soit avec les Bourguignons, soit avec les Bretons, pour rentrer dans Paris avec une armée intacte. Les lieutenants de Louis XI, au contraire, jugèrent qu'en raison de la position respective des armées une bataille était imminente, inévitable. Quelques-uns émirent l'opinion qu'il était préférable de marcher de suite contre les Bretons qui se trouvaient alors entre Vendôme et Chartres. Une brusque attaque devait empêcher ou retarder leur jonction avec les Bourguignons.

Louis de Brézé, qui commandait l'avant-garde de l'armée royale, fut de cette opinion.

« Les circonstances, dit-il dans le conseil, nous obligent à livrer bataille. Les Bourguignons sont nombreux, aguerris, très attachés au comte de Charolais; m'est avis qu'il vaut mieux marcher contre l'armée du duc de Bretagne, où Votre Majesté compte beaucoup d'anciens amis qui hésiteront à se battre contre leur souverain. »

Le conseil éveilla les soupçons de Louis XI toujours méfiant.

« Grand sénéchal, répondit-il, je sais que vous êtes au nombre de ceux qui ont signé le pacte de la ligue du Bien public. »

Cette particularité était vraie.

« Sans doute, riposta Louis de Brézé en riant, suivant sa coutume; mais si ces gens ont ma signature, Votre Majesté a ma personne. »

Et il continua son discours en demandant de marcher contre les Bretons.

Cette opinion de son lieutenant déplaisait au roi. Il lui lança ce propos ironique :

« Avez-vous donc peur de vous frotter aux Bourguignons? »

Le visage du grand sénéchal s'empourpra.

« Peur, moi? exclama-t-il; quand la bataille sera engagée, Votre Majesté verra bien si j'ai peur. »

Louis XI, qui espérait toujours rentrer dans Paris sans livrer bataille, ordonna de reprendre la marche en avant. Il recommanda à Louis de Brézé de reconnaître la route, sans engager aucune hostilité. Mais ce dernier avait été froissé par le soupçon, par les paroles du souverain. On l'entendit dire à quelques-uns de ses officiers :

« Je saurai si bien placer nos gens en présence de ceux de Bourgogne, que la bataille sera inévitable. »

En effet, c'est ce qui arriva.

L'annonce d'une bataille prochaine fut accueillie avec joie par l'armée royale.

« Voici bien des années que je ne me suis battu, dit Richard à Jehan, la perspective d'une bataille me réjouit fort.

— Moi aussi, répondit le jeune homme, dont les yeux brillèrent, j'ai grand désir de participer à une mêlée d'hommes. »

Raoul de Villebraisne partageait le sentiment de ses nouveaux amis.

« Si messieurs les Bourguignons, pensa Nicolas

Letordu, ont eu la bonne idée de transporter dans leur camp quelques tonneaux de vieux vin de leur pays, quelle aubaine, quel régal, au cas où nous serions vainqueurs ! »

Pendant la nuit du 15 au 16 juillet, l'armée royale accomplit une vaillante marche. A la première heure de la matinée du 16, le roi se trouva rendu à Arpajon, tandis que Louis de Brézé, avec l'avant-garde, atteignat Montléry.

Cet endroit est un petit village situé à quelques lieues de Paris, bâti sur le versant d'une haute colline, au pied de laquelle s'étend et se déroule la vaste plaine de Longjumeau.

Alors les gens du roi aperçurent dans la plaine, disséminée en diverses places, l'armée du comte de Charolais.

La lutte devenait inévitable.

L'armée bourguignonne, plus nombreuse d'un tiers que l'armée royale, était divisée en trois corps : le comte de Saint-Paul commandait l'avant-garde, le comte de Charolais le corps de bataille, et le bâtard de Bourgogne l'arrière-garde.

Une première escarmouche s'engagea entre les Bourguignons massés dans le village de Montléry et les hommes d'armes de l'avant-garde.

Louis de Brézé, qui conduisait ces derniers, fut tué dans cet engagement; mais bientôt arriva le roi conduisant le corps de bataille, suivi lui-même par l'arrière-garde. En constatant que la désobéissance ou l'impétuosité de son lieutenant avait engagé le combat contre ses ordres, Louis XI éprouva d'abord un vif désappointement; puis un instinct belliqueux reprit le dessus. Rapidement, il improvise un plan de bataille et donne des ordres aux nombreux capitaines qni l'entourent. L'espace est magnifique pour une furieuse mêlée d'hommes; l'armée royale, un instant arrêtée sur le versant de la colline de Montléry, contemple la vaste plaine de Longjumeau aux horizons reculés, lumineux, tout remplis de champs, de verdure, avec çà et là des massifs d'arbres. Sur le sommet de la colline, se dresse le château de Montléry, imposante forteresse féodale, aux murs épais, crénelés, surmonté d'une haute tour qui, comme une sentinelle, commande toute la campagne.

De suite, le château a été occupé par la garde écossaise. Louis XI, revêtu de l'armure, la visière du casque levée, achève de donner ses derniers ordres avant de prendre part à la bataille.

Derrière lui se tiennent ses officiers et les gens de sa maison, et parmi ceux-ci se trouvent Jehan et Richard. Leur visage à tous deux rayonne d'une belle ardeur guerrière, car ils voient le combat déjà vaillamment engagé. L'avant-garde de l'armée royale continue de lutter avec l'avant-garde des Bourguignons qui occupe le premier plan de la plaine, sous le commandement du comte de Saint-Paul.

Le roi, dont le désir est de garder la route de Paris toujours libre, envoie quelques compagnies d'archers pour renforcer la troupe engagée. Une furieuse poussée se produit; des clameurs remplissent l'air : les Bourguignons, repoussés, se dispersent à travers la

plaine. Après avoir arrêté la fuite de ses gens, le comte
de Saint-Paul les abrite derrière les chariots de bagages
rangés en ligne.

Averti de l'échec de son avant-garde, le comte de
Charolais met en mouvement son corps de bataille. La
marche des Bourguignons est lente, laborieuse, à travers la plaine inondée de soleil, coupée par des champs
de blé et de fèves.

De la voix et du geste, le comte de Charolais excite
les siens à presser leur allure. Au physique, ce dernier
offre un profond contraste avec son rival Louis XI.
C'est un bel homme de trente ans environ, de haute
stature, d'épaules larges, avec une physionomie révé-
lant l'impétuosité, la violence de son caractère.

Dans ce jour de bataille, il est revêtu d'une lourde
et brillante armure, toute damasquinée d'or; son casque
est surmonté d'un bouquet de plumes formant panache,
et son cheval, tout bardé d'acier, lui donne une allure
quasi gigantesque.

Arrivés sur le lieu du combat, les Bourguignons
s'emparent des premières maisons de Montléry et y
mettent le feu. L'incendie se propage; le vent porte la
flamme et la fumée du côté des Français, qui, dans les
rues du village, ont lutté avec acharnement; puis, saisis
d'effroi, ils se troublent et commencent à lâcher pied.
Continuant sa poursuite en avant, le comte de Charolais
attaque les gens du comte du Maisne, qui, pris d'une
panique subite, prennent la fuite. Mais la bataille a été
simultanément engagée, sous la direction du roi, contre
l'aile gauche des Bourguignons, — restée dans la plaine,
— et avec une meilleure chance pour les Français. Ceux-

ci se sont d'abord retranchés au-dessous du château, derrière un grand fossé bordé d'une haie.

Les capitaines bourguignons amènent leur archers pour tenter l'assaut de la position; mais ces derniers ne sont pas aussi exercés, aussi aguerris que les francs archers de France et ceux de la garde du roi. L'assaut ne réussit pas, la position n'est pas emportée; et, les hommes d'armes de Louis XI passant par les deux extrémités de la haie se précipitent au milieu de leurs adversaires.

Les jeunes chevaliers bourguignons qui, dans ce jour, font leurs premières armes, — sans attendre les ordres de leurs chefs, — se jettent au milieu de leurs propres archers pour se ruer sur les Français.

Dès le premier choc, les chevaliers bourguignons sont rompus, repoussés; et, comme ils ont mis le désordre parmi leurs archers, ils ne peuvent se rallier derrière eux.

En proie à une véritable panique, ils s'enfuient, poursuivis, massacrés par les gentilshommes dauphinois et savoyards de la garde du roi. Cette chasse se continue pendant une demi-heure; l'aile gauche des Bourguignons est défoncée, désorganisée.

En personne, Louis XI a conduit cette attaque, encourageant ses gens par l'exemple de sa bravoure; puis, emporté par un élan d'ardeur guerrière, il prend de l'avance sur les siens, voulant poursuivre encore l'ennemi qui se dérobe.

Le souverain n'est suivi que par quelques cavaliers, entre autres Jehan et Richard. Depuis le commencement de la bataille, le neveu de Jehanne Darc a mon-

tré une vaillante allure; le heurt des armes, la mêlée
des combattants ne l'ont pas impressionné. A la suite
des gentilshommes de la garde de Louis XI, il a franchi
la haie qui séparait les Français de leurs adversaires;
et son épée, maniée par un bras agile, a fait de la
bonne besogne.

A côté de lui chevauche Richard, rendu joyeux par
le tumulte du combat. Le vieil archer, montrant à son
jeune compagnon la vaste plaine, remplie de bruits, de
clameurs, sillonnée de fuyards, lui dit :

C'est beau, n'est-ce pas, un jour de bataille?

— Oui, c'est beau, une bataille, reprit Jehan, la physionomie exaltée, quand la victoire est de notre côté,
car nous sommes bien vainqueurs?

— Est-ce que le roi chevaucherait en avant de nous
avec une telle confiance, s'il ne se sentait pas victorieux?»

Et Richard montra Louis XI galopant toujours en
avant, suivi de quelques chevaliers, s'éloignant ainsi de
plus en plus du corps d'armée demeuré en arrière.

En ce moment accourent Raoul, Odette et quelques-
uns de leurs hommes d'armes; tous viennent de faire
vaillamment leur devoir; la jeune fille n'a pas été
effrayée par le fracas de la bataille; fermement, elle
s'est tenue à cheval aux côtés de son frère.

« Ne voyez-vous pas, crie Raoul à ses amis, que le
roi se laisse emporter par son ardeur? le voilà loin des
siens; si un parti de Bourguignons venait à se rallier,
il risquerait fort de devenir leur prisonnier. »

L'observation impressionne Jehan, et mettant son
cheval au galop, il rejoint bientôt le roi.

« Que Votre Majesté, dit le jeune homme, me permette de lui faire observer qu'en ce moment elle est loin de son armée, et si les Bourguignons tentaient un retour offensif... »

En entendant ces paroles, Louis XI s'arrête ; il relève la visière de son casque.

« Pour aujourd'hui, dit-il en souriant, messieurs les Bourguignons ont leur compte ; ils ne doivent pas songer à revenir à la charge. »

L'endroit où le souverain venait de faire halte était un bout de route bordé de champs de blé. Au delà des champs, se montrait un rideau d'arbres.

A peine le roi avait-il proféré ces dernières paroles qu'un parti de Bourguignons, caché dans les blés, firent irruption sur la route, brandissant leurs armes, criant :

« Vive Bourgogne ! sus aux Français ! »

Le chef qui conduisait ces gens n'était autre que le capitaine Malemort, lequel avait réussi à se faire agréer avec sa bande d'aventuriers par le comte de Charolais. Tous ces irréguliers avaient été incorporés dans l'arrière-garde de l'armée bourguignonne.

En entendant ces cris, le roi avait aussitôt baissé la visière de son casque, et ses chevaliers, se rangeant autour de lui, avaient pris une attitude de défense.

De son côté, Malemort avait de suite reconnu Jehan, Richard et Raoul de Villebraisne ; à l'aspect de ces trois hommes dont il n'avait pas encore tiré vengeance, une subite fureur crispa la figure de l'aventurier ; puis, se tournant vers les siens, il cria de nouveau :

« Vive Bourgogne ! sus aux Français ! la prise sera bonne ! »

Ces cris, répétés par les gens de Malemort, eurent
12

pour résultat de faire surgir hors des arbres de nombreux soldats bourguignons : c'étaient des fuyards qui, après la débandade de l'aile gauche de l'armée ennemie, avaient cherché un abri dans cette position.

Accourant sur la route, ces gens se joignirent aux aventuriers du capitaine Malemort...

Cette circonstance plaçait le roi et sa suite en manifeste infériorité ; cependant les chevaliers, groupés autour du souverain, faisaient bonne contenance, attendant un mouvement de celui-ci pour foncer sur leurs adversaires.

Alors Jehan dit à Richard et à Raoul :

« Faisons-nous tuer jusqu'au dernier s'il le faut, pour éviter au roi la honte de devenir prisonnier. »

Et la physionomie du jeune homme reflétait une résolution en conformité avec ses paroles.

« Le choc va être chaud ! grommela rageusement le vieil archer ; c'est cet abominable Malemort qui nous attire tout ce monde sur les bras. Quelle sottise nous avons faite en l'épargnant ! »

En ce moment, un grand nuage de poussière apparut à l'extrémité de la route.

« Amis, voilà du secours ! » cria Odette, qui se tenait à cheval à côté de son frère.

En effet, cette poussière était soulevée par le galop des chevaux des gentilshommes de la garde de Louis XI, qui voyant son isolement venaient le rejoindre. Alors ce dernier, brandissant son épée, cria aux gens de sa suite :

« Chargeons ! Maintenant nous sommes en force. »

Et il lança son cheval sur les Bourguignons qui bar-

raient la route. Pendant quelques instants, tous les
bruits, toutes les clameurs d'une mêlée furieuse reten-
tirent dans l'air; l'ennemi cherchait une revanche de
l'échec qu'il venait d'essuyer. Violemment, les épées
frappaient les armures; avec une brutale stridence, les
masses d'armes s'abattaient sur les casques, et les

Elle le frappa violemment à la tête.

combattants étaient si rapprochés qu'ils faisaient usage
de leurs dagues plutôt que de leurs épées.

Dans une des péripéties de cette lutte, il se produisit
un tel choc entre des cavaliers des deux partis, que
plusieurs, jetés bas de leurs montures, roulèrent
à terre.

Pareille mésaventure arriva au roi: un brusque écart

de son cheval lui ayant fait perdre l'équilibre, il roula
sur le sol. Une subite confusion agita les gens de sa
suite, et quelques-uns pensèrent que Louis XI venait
d'être tué.

Malgré le tumulte du combat, Jehan, Richard et
Raoul mirent pied à terre pour reconnaître l'état du
souverain. Ayant observé cette péripétie, Malemort se
rapprocha du groupe; une pensée de carnage le
domina à la vue du roi étendu sur le sol, et brandissant une large épée à deux tranchants, il allait la laisser retomber sur ce dernier.

Avisant cette manœuvre, Jehan jeta sa dague au
visage de l'aventurier; celui-ci, atteint au front, inondé
de sang, poussa un hurlement de douleur et laissa
échapper son épée.

Malemort avait reconnu dans son agresseur le neveu
de Jehanne Darc; alors se jetant sur lui par un bond
rapide, et l'ayant enserré de ses bras puissants, il se
disposait à l'étouffer par une étreinte mortelle.

Dans l'espace où se passait cette scène, Odette se
tenait à cheval; à la vue du péril de son ami, elle
poussa sa monture vers l'aventurier et, saisissant une
petite masse d'armes accrochée à sa selle, elle le
frappa violemment à la tête. Malemort étourdi, à moitié assommé, roula à terre comme un bloc, desserrant
l'étreinte de ses bras. Vivement Jehan se dégagea,
l'opportune intervention de la jeune fille lui avait sauvé
la vie. Alors un des hommes de Malemort, voulant
venger son chef, s'approcha d'Odette et la frappa à
l'épaule d'un coup de pique; celle-ci chancela sur son
cheval, privée de connaissance; avec un cri d'angoisse

Raoul se précipita vers sa sœur pour la relever et l'empêcher d'être foulée sous les pieds des chevaux.

Toutes ces péripéties avaient duré à peine quelques minutes. Le roi, après s'être relevé et remis en selle, dit aux siens :

« Mes amis, je ne suis ni touché, ni blessé, merci à tous. »

Une dernière poussée des gentilshommes dauphinois et savoyards dégagea le terrain; et les Bourguignons, encore une fois battus, s'enfuirent à travers la plaine.

Alors Louis XI donna ordre de cesser la poursuite et revint au château de Montléry; après être monté sur le plateau de la tour, il observa la mêlée, le choc de quelques hommes d'armes disséminés çà et là dans la plaine de Longjumeau; c'était la fin de la bataille, c'est-à-dire la défaite complète de l'aile gauche des Bourguignons qui assurait aux Français le succès de la journée.

Le comte de Charolais avait sans doute mis en fuite l'aile gauche de l'armée royale; mais blessé au cours de la lutte, ayant été éloigné des siens, il n'avait pu empêcher leur débandade; il gardait cependant le ferme vouloir de recommencer la bataille le lendemain : tel n'était pas le dessein de Louis XI, toujours soucieux de rentrer au plus vite dans Paris.

Les Bourguignons dispersés, désorganisés, n'avaient pu barrer la route de la capitale, avantage essentiel pour la tactique de l'armée royale. Aussitôt que la nuit fut venue, le roi, suivi de la majeure partie des siens, s'engagea sur le chemin de Paris, dissimulant sa marche à l'ennemi; il atteignit Corbeil quelques heures plus tard, et le lendemain soir il faisait son entrée dans Paris. Les habitants le reçurent avec les acclamations, les marques de joie réservées à un chef victorieux.

Jehan et Richard avaient accompagné le souverain pendant la marche nocturne vers Paris. Une grande angoisse étreignait le cœur du jeune homme: il avait vu tomber Odette blessée, frappée d'un coup de pique par un soldat bourguignon; il avait vu aussi Raoul se précipiter vers la jeune fille pour la ramasser. Puis une poussée des combattants, au milieu de la mêlée, les avait séparés. Qu'étaient devenus le frère et la sœur? n'avaient-ils pas été entourés et faits prisonniers par les Bourguignons? une grande tristesse opprimait donc le cœur de Jehan à la pensée que la jeune fille, dont le courage lui avait sauvé la vie, était peut-être en péril de mort.

XII

Avec l'aide de quelques-uns de ses hommes d'armes, restés groupés autour de lui, Raoul avait pu transporter Odette, toujours évanouie, dans une masure qui se dressait non loin de l'endroit où s'était livré le combat entre Français et Bourguignons.

Dans ce pauvre logis se cachaient deux paysans, le mari et la femme, épouvantés par le fracas de la bataille. Ils ne se décidèrent à ouvrir leur porte qu'après quelques pourparlers.

« Nous vous recevons parce que vous êtes Français et soldats du roi Louis XI, que nous aimons, dit le paysan ; qu'y a-t-il pour votre service ?

— Prêtez-moi une prompte assistance pour ce blessé qui m'est cher, répondit Raoul.

— Ah ! le pauvre enfant ! exclama la paysanne avec compassion. Comme il est pâle ! ses yeux sont clos ; il n'est pas mort au moins ?

— Non, mais il a besoin d'être secouru de suite. »

Quand la jeune fille eut été déposée sur une couche

rustique, son frère examina l'état de la blessure. Le fer de la pique était entré dans la chair de l'épaule, s'arrêtant à l'os; la blessure était donc sans danger immédiat. Raoul parvint à arrêter l'effusion du sang par l'application répétée de compresses imbibées d'eau froide, puis il brida la plaie avec une bande de toile.

Graduellement Odette reprit connaissance, ses yeux se rouvrirent.

« Souffres-tu beaucoup, chère sœur? demanda le jeune homme.

— J'éprouve une soif ardente, » murmura la blessée.

Raoul lui tendit une tasse pleine d'eau fraîche, que celle-ci but avec avidité. Alors sa voix devint plus distincte :

« Et le roi, et Jehan Darc, que sont-ils devenus? interrogea-t-elle.

— Le roi est sain et sauf, les Bourguignons sont en pleine déroute; Jehan Darc, grâce à ton intervention, a échappé aux coups du sinistre Malemort. »

Un sourire de joie apparut sur les lèvres de la jeune fille.

« Dieu soit loué! dit-elle, c'eût été un grand dommage si ce vaillant jeune homme avait été mis à mort par ce bandit. »

Puis, fatiguée par cette dépense de paroles, Odette referma les yeux et tomba dans un profond assoupissement.

Alors Raoul pensa qu'il ne devait pas séjourner longtemps dans cette pauvre masure, trop exposée à l'invasion des hommes d'armes des deux partis. Il était impossible de ramener sa sœur dans le village de Montléry à moitié incendié, rempli de morts et de blessés. Quelle résolution devait-il prendre? Avisant dans la cour qui s'étendait derrière l'humble logis un chariot découvert, le jeune homme demanda au vieux paysan si, moyennant une bonne récompense, il consentirait à conduire la blessée à Corbeil.

« Je veux bien vous rendre ce service, répliqua le campagnard alléché par la promesse de quelques écus, je connais un chemin qui conduit à Corbeil plus rapide que la grande route, qui est en ce moment encombrée par le passage des gens d'armes.

— Alors, répliqua le jeune seigneur de Villebraisne, prenez vos dispositions pour vous mettre en marche le plus tôt possible. »

Le paysan attela au chariot un vieux cheval encore solide; délicatement, le matelas où reposait Odette fut placé au fond du véhicule, et l'on se mit en route pour Corbeil.

Les gens de Raoul protégeaient la sécurité de la marche qui s'effectua sans mauvaise aventure. Cependant, dans le lointain, des rumeurs bruissaient, dernier écho de la bataille; par intermittence, une flamme éclairait l'horizon du côté de Montléry, dernière manifestation de l'incendie qui avait consumé une partie du village.

Le frère chevauchait à côté du chariot où reposait sa sœur; et de temps à autre, avec sollicitude, il lui demandait si elle souffrait.

« La douceur de cette belle nuit, répondait la blessée, me procure un grand soulagement. »

En effet, cette nuit de juillet était douce, apaisante;

le ciel scintillant d'étoiles répandait sur le sol des lueurs d'aube. La blessure d'Odette n'était pas le seul souci du jeune gentilhomme; ignorant le départ du roi de Montléry, il pensait que la bataille contre les Bourguignons recommencerait le lendemain, et il regrettait de ne pas combattre de nouveau en compagnie de Jehan et de Richard.

Au lever du jour on atteignit Corbeil; la petite ville était pleine de bruit. Dans les rues défilaient en hâte des hommes d'armes, des cavaliers; tous se précipitaient dans la direction de Paris. Très étonné de l'affluence de tous ces gens d'armes, Raoul s'informa; un cavalier au passage lui jeta ces paroles :

« Nous suivons le roi qui rentre dans Paris. »

Un autre cavalier ajouta :

« Le roi abandonne le champ de bataille de Montléry aux Bourguignons; il préfère combattre les princes révoltés derrière les murs de la capitale. »

Raoul, après avoir rapporté ces nouvelles à Odette, fut d'avis qu'eux aussi devaient rentrer dans Paris; n'étaient-ils pas attendus par leur parente, la dame de Villedouin? Dans le logis de celle-ci, la blessée serait convenablement soignée.

Odette approuva la résolution de son frère; et le paysan de Montléry consentit à la transporter jusqu'à Paris.

« Mon cheval, dit ce dernier, est une bête de résistance, il pourra encore marcher une partie de la journée avec une bonne ration d'avoine ; seulement, pour gagner Paris, je ne veux pas prendre la grande route : nous allons prendre un autre chemin

aussi direct, mais moins encombré par les gens
du roi. »

La petite troupe se remit en marche ; bientôt on
arriva en vue de la Seine. Après avoir franchi un pont
de bois qui, à cette époque, reliait les deux rives du
fleuve, Raoul, qui chevauchait en tête, se trouva en
présence d'un officier accompagné de quelques hommes
d'armes.

Sur ce côté de la Seine était établi l'avant-poste de
l'armée royale. Après s'être enquis du nom, de la qualité du jeune gentilhomme, l'officier libella un laissez-passer, afin que celui-ci pût pénétrer dans la capitale
sans difficultés.

Paris étant en état de siège, son accès n'était pas
aisé pour ceux qui venaient du dehors. Raoul remercia
l'officier, et fit signe aux siens de continuer leur marche.

Bientôt la petite troupe arriva en vue de la porte
Saint-Jacques, laquelle était soigneusement fermée et
crénelée. A cette époque, au delà de l'enceinte extérieure, un large fossé s'étendait autour de Paris. Des
hommes d'armes, des gens de la milice bourgeoise,
avec vigilance montaient la garde dans cet endroit,
prêts à donner l'alarme à la moindre alerte. Un peloton d'hommes d'armes vint de nouveau à la rencontre
de Raoul. C'étaient des miliciens cuirassés et casqués
de façon bourgeoise, et conduits par un capitaine porteur de grandes moustaches qui lui donnaient l'aspect
belliqueux. Malgré cette apparence soldatesque, cet
officier était un brave bonnetier de la cité, très ardent
royaliste.

« Où allez-vous ? demanda-t-il d'une voix rude au

seigneur de Villebraisne; quel est ce jeune garçon qui repose au fond de ce chariot?

— Je désire entrer dans Paris, répliqua Raoul. Ce jeune garçon est mon page, blessé hier à la bataille de Montléry, à côté du roi.

— Ah! vous étiez hier à Montléry, dit le capitaine d'un ton radouci; du bon côté alors?

— Certainement, voilà un laissez-passer qu'on m'a délivré à l'avant-poste.

— Votre laissez-passer est en règle, » observa l'officier, après avoir examiné le document.

Puis s'adressant à un de ses hommes :

« Toi, Nicolas, donne le signal. »

Le milicien ainsi interpellé, ayant porté à sa bouche une trompette pendue à sa ceinture, fit entendre un bruyant appel. C'était là un signal convenu; aussitôt un grand bruit de chaînes retentit, le pont-levis s'abaissa sur le fossé. Les battants d'une poterne s'entr'ouvrirent; Raoul et ses gens, ayant franchi le pont, se trouvèrent à l'extrémité de la rue Saint-Jacques. De l'autre côté du mur d'enceinte étaient réunis des hommes d'armes, prêts à secourir leurs compagnons campés au dehors, si l'ennemi venait attaquer ces derniers.

Lentement le jeune seigneur de Villebraisne descendit la rue Saint-Jacques, chevauchant toujours à côté du chariot où était étendue Odette.

« Courage, chère sœur, lui disait-il, maintenant nous sommes en sûreté; nous allons bientôt être rendus à l'hôtel de notre tante, la dame de Villedouin, et tu vas reposer dans un lit bien douillet. »

Le jeune homme n'était pas venu à Paris depuis
quelque temps; du haut de son cheval, il jetait autour
de lui des regards curieux. Malgré l'état de guerre et
la menace d'un siège rigoureux, l'aspect intérieur de
la ville n'était pas très changé. Les gens allaient,
venaient, ne paraissaient pas en proie à l'inquiétude.

« Si je ne me trompe, c'est bien mon gentil neveu. »

Seules, des compagnies d'hommes d'armes, des
groupes de miliciens circulaient dans les rues, révélaient le véritable état de la capitale.

L'hôtel de la dame de Villedouin se trouvait situé de
l'autre côté de la Seine, dans la rue des Ormes, voisine de la rue Saint-Paul.

Le jeune gentilhomme, suivi des siens, atteignit le

pont de la Cité; à cette heure de la journée, l'endroit était animé par une grande circulation de passants. Le soleil couchant dorait les eaux de la Seine de ses derniers rayons, et de nombreuses embarcations sillonnaient la surface du fleuve. Déjà Raoul était parvenu au milieu du pont quand il passa à côté d'une litière qui venait en sens inverse. Cette litière, ornée de riches draperies, était portée par deux mules conduites elles-mêmes par deux valets somptueusement habillés. A sa grande surprise, le jeune homme entendit cette exclamation proférée d'une voix joyeuse :

« Si je ne me trompe pas, c'est bien mon gentil neveu, Raoul de Villebraisne, que je vois passer à côté de moi. »

Aussitôt les rideaux de la litière s'écartèrent, et une tête de femme d'âge mûr se montra. Le jeune homme avait de suite reconnu la voix qui l'appelait ainsi au milieu du pont de la Cité.

« Madame de Villedouin, notre tante? répliqua-t-il. La rencontre est opportune; précisément nous allons vers votre demeure.

— Vous me comblez d'aise; depuis si longtemps vous me promettez votre visite, que je commençais à douter de votre arrivée. »

Puis les regards de la dame de Villedouin aperçurent Odette couchée, assoupie au fond du rustique chariot, la figure pâle.

« Ma nièce Odette, exclama-t-elle, couchée dans cette charrette, avec cette attitude de souffrance! Que signifie?

— Sachez, ma chère tante, dit alors Raoul, que

nous étions hier à Montléry; nous avons combattu à côté du roi, et ma sœur, qui pour ne pas me quitter avait revêtu un costume de page, a été blessée pendant la bataille par un soldat bourguignon.

— Quoi! ma chère nièce a été blessée dans de telles circonstances? La blessure est-elle grave?

— Une plaie à l'épaule, qui, je l'espère, sera cicatrisée dans quelques jours. »

Très émue par cette révélation, la dame de Villedouin jeta cet ordre à ses valets :

« Vite, transportez Mlle de Villebraisne à côté de moi, dans ma litière, et retournons promptement à l'hôtel. »

Les valets, obéissant à l'ordre donné, déposèrent délicatement la jeune fille sur les coussins de la litière.

Cette opération réveilla la blessée qui s'était endormie, et reconnaissant sa parente qui penchée sur elle l'enveloppait d'un regard de sollicitude, elle murmura, essayant un sourire :

« Dieu soit loué de vous avoir rencontrée, chère tante, et merci de vos bons soins!

— Souffrez-vous beaucoup, chère enfant?

— Non, mais je me sens bien lasse, bien fatiguée. »

Le stationnement de la litière de la dame de Villedouin sur le pont de la Cité, les paroles échangées à haute voix entre la tante et le neveu avaient éveillé l'attention, la curiosité des passants, curiosité qui se changea en sympathie quand on apprit que le jeune comte de Villebraisne avait combattu les Bourguignons dans la bataille livrée la veille. Aussi les témoins de cette scène saluèrent-ils avec de chaleureuses excla-

mations le départ de la litière de la dame de Villedouin.

Bientôt on arriva devant l'hôtel de celle-ci. C'était
une belle et commode demeure dont la construction
révélait tous les détails pittoresques de l'architecture
de cette époque.

Odette fut transportée dans une chambre richement
meublée, et couchée sur un lit garni de tapisseries.
Le médecin de la dame de Villedouin, aussitôt mandé,
après avoir examiné la blessure de la jeune fille, pro-
céda à un nouveau pansement, déclarant la plaie sans
danger, et dont la cicatrisation serait prochaine.

Odette, qui avait surtout besoin de repos, tomba,
après le départ du médecin, dans un profond sommeil.

Ensuite Raoul s'occupa de l'installation des vaillants
hommes d'armes qui l'avaient suivi à Paris. Ces braves
gens furent logés dans les communs de l'hôtel.

Le jeune seigneur de Villebraisne avait l'espérance
de recevoir du roi le commandement d'une compagnie
dans laquelle il lui serait permis d'incorporer ses serviteurs.

Après ces dispositions prises, Raoul se retrouva avec
sa parente pour le souper du soir. Maintenant qu'elle
était rassurée sur l'état d'Odette, la dame de Villedouin ressentait une manifeste satisfaction de l'arrivée
dans son logis du frère et de la sœur.

C'était une aimable personne, de cœur affectueux et de caractère conciliant. Depuis plusieurs
années elle avait perdu son mari, un conseiller du
Parlement de Paris, qui l'avait faite très riche; aucun
enfant n'était issu de leur mariage. Cette privation de

postérité directe avait été longtemps le grand chagrin
de l'excellente femme; puis elle avait réparti sur
quelques parents collatéraux le besoin d'affection inné
chez elle.

Cependant elle préférait Raoul et Odette, parce
qu'ils étaient les enfants d'une sœur qu'elle avait tendrement aimée. Malgré la venue de l'âge mûr, la dame
de Villedouin était restée de caractère sentimental;
facilement sa sensibilité s'émouvait; elle se plaisait
fort à la lecture des romans de chevalerie, les belles
histoires racontées dans ces fabuleux récits ravissaient
son imagination au point qu'elle croyait volontiers que
c'était arrivé.

Dans sa jeunesse, elle s'était montrée souvent à la
cour du roi Charles VII, où sa grâce et son esprit lui
avaient mérité de respectueux hommages. Aussi avait-
elle gardé l'habitude des vêtements taillés à la mode
de cette époque; c'était le seul travers de cette excellente personne.

La guerre fomentée par les princes coalisés la
fâchait fort, car elle était une menace pour le roi
qu'elle aimait, et elle avait éloigné de Paris les belles
dames et les vaillants gentilshommes qui formaient sa
société. Donc, pendant le repas du soir, pleine d'une
sympathique curiosité, la dame de Villedouin interrogea son neveu sur les derniers événements qui avaient
agité sa vie. Avec complaisance, celui-ci initia sa
parente à tous les faits arrivés à sa sœur et à lui depuis
quelques semaines. Il raconta l'arrivée de Jehan Darc
et de l'archer Richard au château de Villebraisne,
l'heureuse intervention de ceux-ci dans le guet-apens

qui leur avait été tendu par le capitaine Malemort et
ses aventuriers, puis le départ commun pour le camp
royal, l'amicale réception de Louis XI, et enfin les
émouvantes péripéties de le bataille de Montléry : Jehan
empêchant Malemort de fondre sur le roi tombé à bas
de son cheval, et Odette blessant l'aventurier qui avait
tourné sa rage contre le neveu de Jehanne Darc.

Le récit de toutes ces aventures ravit la dame de
Villedouin, et quand Raoul eut terminé sa narration :

« Mon cher neveu, exclama-t-elle, toutes les prouesses
que vous venez de me raconter sont dignes de figurer
dans un roman de chevalerie; je suis ravie que vous
ayez noué amitié avec un neveu de la glorieuse Jehanne
Darc, la circonstance vous portera bonheur. Moi aussi,
je serai heureuse de voir, de connaître ce vaillant
jeune homme qui a préservé les jours de notre vénéré
roi Louis XI.

— Dès demain, répliqua Raoul, je compte me rendre
à l'hôtel des Tournelles, qui est la résidence actuelle
du roi. Suivant toute vraisemblance, j'y rencontrerai
Jehan Darc, je lui rapporterai votre désir de le voir, et
je suis sûr qu'il tiendra à honneur de vous faire une
courtoise visite. »

La dame de Villedouin eut un geste de manifeste
satisfaction.

« Merci, cher neveu, de votre démarche. Je vous le
répète, je suis très désireuse de voir le neveu de la glorieuse Jehanne Darc, et de le congratuler à propos de
son dévouement pour notre vaillant souverain. »

Le lendemain, l'état d'Odette s'était amélioré, grâce
à une nuit de sommeil réparateur; la fièvre causée par

la blessure était en partie tombée, et la dame de Villedouin put avoir un court entretien avec la jeune fille.

Au milieu d'une effusion d'amicales paroles, elle lui
répéta :

« Ma chère enfant, je vous aime, et maintenant je
vous admire: pour ne pas quitter votre frère, vous avez
voulu endosser des habits masculins; la circonstance
vous a permis de prendre part à la bataille de Montléry, vous avez eu le courage, la présence d'esprit de
porter secours au neveu de Jehanne Darc qui venait de
sauver le roi. Je suis fière d'avoir une nièce comme vous,
et je vous trouve semblable à une de ces héroïnes de
romans de chevalerie que je lis avec tant de plaisir.

— Eh! chère tante, répondit Odette, je n'ai fait que
mon devoir, et je vous jure que cela m'a été facile. »

Alors la dame de Villedouin prit un air grave :

« Quand cette vilaine guerre sera terminée, le roi
aura un devoir à remplir envers vous, le devoir de
veiller à votre établissement, de vous marier à un riche
et vaillant gentilhomme de sa cour. »

Une légère rougeur monta aux joues de la jeune fille.

« Le roi a bien d'autres préoccupations que le souci
de mon établissement; moi-même, je ne pense guère
au mariage.

— C'est là un sujet d'entretien que nous reprendrons plus tard, continua l'excellente dame; j'ai prié
votre frère de conduire en notre logis messire Jehan
Darc que je suis grandement désireuse de connaître,
car c'est, paraît-il, un courageux chevalier.

— C'est la vérité, répondit la jeune fille avec vivacité. A Montléry, pendant un moment, le roi s'est

trouvé en péril, et c'est Jehan Darc qui a écarté le péril.
Oui, le parent de Jehanne la Glorieuse est digne de son
nom! Mon frère et moi, nous sommes heureux de continuer une amitié qui existait déjà entre son père et le
nôtre. »

Pendant que pareil entretien se poursuivait entre la
tante et la nièce, Raoul de Villebraisne s'était rendu à
l'hôtel des Tournelles qui servait alors de demeure au
souverain.

C'était une importante construction dans le style du
moyen âge, bâtie au Marais, non loin de la Bastille.
L'intérieur de l'hôtel renfermait de nombreux appar-
tements luxueusement meublés. Louis XI préférait cette
résidence au Louvre, qui était déjà construit.

Depuis la veille, le roi était rentré dans la capitale, et les Parisiens lui avaient fait bon accueil. Une
grande animation régnait autour de la royale demeure;
par la porte principale entraient ou sortaient des gens
de marque, des personnages importants, à figure grave,
aux habits professionnels, officiers de l'armée, prélats,
conseillers au Parlement.

« En ce jour, pensa Raoul, le roi ne manque pas de
visiteurs. »

Avisant devant la porte de l'hôtel un archer de la
garde écossaise, il lui demanda en quelle partie de la
résidence royale était situé l'appartement réservé aux
secrétaires et aux scribes du souverain.

L'archer lui ayant fourni cette indication, le jeune
homme gravit un vaste escalier bordé par une belle
rampe en fer artistiquement forgée. Devant une porte,
sur le palier du premier étage, se montraient des visi-

teurs, des solliciteurs; cette porte donnait accès dans l'appartement occupé par Jean Balue et les autres secrétaires de Louis XI. Raoul dit son nom à un garde de service qui le laissa pénétrer. L'entrée franchie, il se trouva dans un vaste vestibule percé de plusieurs issues. Dans cet endroit divers gens attendaient également leur tour d'audience par l'évêque d'Évreux.

Une des portes s'ouvrit, et Raoul vit sortir Richard; celui-ci s'avança vers lui :

« Soyez le bienvenu, dit-il; je devine que vous voulez voir votre ami Jehan, lui aussi doit partager ce désir.

— Certes, répliqua le jeune seigneur de Villebraisne, j'ai bien des choses à lui apprendre.

— Eh bien, je vais vous conduire vers lui, bien qu'il soit surchargé de travail. »

Le vieil archer baissa un peu la voix.

« Notre ami est en faveur auprès du roi, qui l'a complimenté de sa belle attitude à la bataille de Mont-léry...; entre nous, sans son intervention, notre bien-aimé souverain aurait essuyé un vilain coup de la part de ce misérable Malemort. »

Raoul eut un geste d'assentiment.

« En effet, dans cette circonstance, Jehan a montré autant de courage que de présence d'esprit. »

Richard ajouta :

« Qu'est devenu cet abominable bandit, le savez-vous ?

— Quand je l'ai vu tomber sous le coup de massue d'arme que ma sœur lui avait appliqué avec tant d'à-propos, je ne m'en suis plus inquiété.

— Eh bien! moi, j'ai vu les hommes de ce sacripant

ramasser son corps et l'emporter loin de la bataille...!
Était-il étourdi, assommé ou occis, je l'ignore. »

Raoul sourit.

« Comme avant de recevoir un coup de masse sur le
crâne, Jehan avec sa dague avait frappé le misérable
à la face, s'il n'est pas occis, il doit être suffisamment
endommagé pour être hors d'état de nuire pendant un
laps de temps; donc nous n'avons pas à nous inquiéter
de lui. »

Après ces propos échangés, Richard introduisit son
interlocuteur dans une pièce voisine où Jehan écrivait,
assis, penché devant une table couverte de papiers.

Celui-ci, à l'aspect de son ami, vint à sa rencontre
et lui donna une affectueuse accolade.

« Ah! mon cher compagnon, exclama-t-il, que je
suis donc heureux de vous revoir sain et sauf! pendant ce tumulte qui s'est produit autour du roi, à
Montléry, nous avons été séparés, je ne savais pas ce
que vous étiez devenu. Et votre courageuse sœur, dont
la vaillante intervention m'a préservé de l'attaque de
Malemort, n'a-t-elle pas été assaillie par les aventuriers de ce misérable?

— En effet, répondit Raoul, ma sœur a été frappée
à l'épaule par des hommes de Malemort qui voulaient
venger leur abominable chef. »

Alors une grande émotion agita Jehan.

« Odette de Villebraisne blessée en venant à mon
secours! exclama-t-il; dangereusement peut-être?

— La blessure de ma sœur est légère, et sera
promptement guérie; j'ai pu la ramener sans obstacle
à Paris, chez notre parente, la dame de Ville-

douin, qui lui prodigue les soins les plus affectueux.

— Alors, continua Jehan avec exaltation, transmet·
tez-lui mes actions de grâce les plus sincères; je lui
dois la vie. Mais ne pourrais-je pas bientôt témoigner
de vive voix à Mme de Villebraisne le sentiment de
profonde reconnaissance que je lui ai voué? »

Raoul eut un geste de contentement.

« Cher compagnon, pareil sentiment de gratitude
vous honore, et je vous prie de le répéter à ma sœur
quand vous viendrez à l'hôtel de Villedouin et chez
notre parente, qui sait maintenant combien votre
conduite a été vaillante à la bataille de Montléry;
celle-ci est grandement désireuse de vous voir et de
vous connaître. »

Quelques jours plus tard, le jeune seigneur de Villebraisne conduisit son ami à l'hôtel de Villedouin.

Odette, presque guérie, avait repris les habits féminins; son visage gardait une pâleur qui rendait sa
beauté plus sympathique. Celle-ci poursuivait un entretien avec sa tante, quand les deux jeunes gens firent
leur entrée dans le salon où se tenaient la maîtresse
du logis et sa nièce.

Odette tendit amicalement la main à Jehan, qui, de
suite, avait proféré des paroles de reconnaissance et de
remerciement; et, ployant un genou en terre, il déposa
un respectueux baiser sur la main de la jeune fille.

« Le service que vous m'avez rendu à Montléry, dit-
il, ne s'effacera jamais de ma mémoire, et je veux rester toute ma vie votre dévoué serviteur. »

Odette accueillit ces paroles avec un bienveillant
sourire.

« Votre reconnaissance exagère mon mérite, mais je suis heureuse que la circonstance resserre encore l'amitié que mon frère et moi nous portons au fils d'un gentilhomme qui fut l'ami de notre père. »

Cette réponse de la jeune fille, et l'accent avec lequel elle la proféra, causèrent un grand plaisir à Jehan. Au cours de cette visite, la dame de Villedouin lui fit le meilleur accueil.

« Il y a bien des années, lui dit-elle, le roi Charles VII a daigné me montrer le portrait de Jehanne la Glorieuse ; j'ai toujours conservé dans les yeux, dans le souvenir, les traits de l'héroïne de Domremy ; votre visage ressemble étonnamment au sien. La fermeté, le courage que vous venez de montrer contre les Bourguignons prouve que vous avez hérité aussi des vaillantes qualités de votre parente. Je suis heureuse de vous voir, et je vous prie d'honorer souvent ma demeure de votre présence. »

Très touché, Jehan remercia la digne dame de la courtoisie de son accueil, et promit de revenir à l'hôtel de Villedouin aussi souvent que les circonstances et ses occupations auprès du roi le lui permettraient.

Quand il se fut retiré, la maîtresse du logis s'écria avec une manifeste conviction :

« Le neveu de Jehanne Darc est un jeune et vaillant chevalier ; son avenir est plein de promesses, je me sens déjà de l'amitié pour lui. »

Odette demeura silencieuse ; mais le regard qu'elle échangea avec la dame de Villedouin prouvait qu'elle partageait le sentiment de celle-ci.

XIII

LES GRANDS VASSAUX

La bataille de Montléry étant demeurée indécise,
— comme résultat, — le chef de l'armée bourguignonne, le comte de Charolais, attendait un recom-
mencement de la lutte dans le jour suivant; aussi fut-
il grandement surpris quand ses éclaireurs lui apprirent
que Louis XI, à la tombée de la nuit, après avoir quitté
le château de Montléry, s'était engagé avec une partie
de son armée sur la route de Corbeil, restée libre,
puis était rentré à Paris.

Le comte de Charolais avait le caractère présomp-
tueux; comme il gardait le champ de bataille, il s'at-
tribua une victoire qui ne devait lui être d'aucun profit.

Répétons-le, Louis XI fut reçu par les Parisiens
comme un chef vainqueur. « Le soir de sa rentrée,
raconte un historien du temps, il soupa chez Charles
de Melun et fit souper avec lui plusieurs des plus notables
bourgeois et leurs femmes. Il raconta si éloquemment
la bataille de Montléry et les dangers qu'il avait cou-
rus, que tous les assistants fondirent en larmes. »

Puis il employa plusieurs jours à rallier, à reformer ses compagnies d'ordonnance dispersées, faisant aux Parisiens toute sorte de concessions, accueillant tous les conseils et même toutes les remontrances.

L'évêque de Paris, Guillaume Chartier, vint trouver le roi au palais des Tournelles, accompagné des conseillers de la ville et de gens d'église.

« Sire, lui dit le prélat, il serait bien désirable que vous rétablissiez la paix, et que vous conduisiez les affaires par bon conseil.

— Monseigneur, répondit Louis XI, je vais exaucer de suite une partie de vos souhaits. »

Et il consentit à recevoir dans son conseil six conseillers de la ville, six du Parlement et six de l'Université. A la grande satisfaction des Parisiens, il réduisit ou supprima quelques impôts.

De leur côté, les princes coalisés investirent une partie de Paris. Le 21 juillet 1465, le comte de Charolais avait opéré sa jonction avec les ducs de Berry et de Bretagne. Après une halte de quinze jours à Étampes, ils se dirigèrent vers la Seine à Morcy en Gâtinais. Les armées des princes s'étaient augmentées des milices de Lorraine amenées par le duc Jean de Calabre. Parmi les gens de ce dernier figuraient cinq cents mercenaires suisses, les premiers qu'on eût vus encore en France ; enfin, les ducs de Bourbon, de Nemours, d'Armagnac et le comte d'Albret, — oublieux de la convention signée à Riom, — étaient venus renforcer cette grande armée féodale.

Les princes coalisés, après s'être emparés du pont de Charenton, établirent leurs quartiers entre la Marne et la Seine, depuis Charenton et Saint-Maur jusqu'à Saint-Denis et Saint-Cloud.

Les Parisiens ne se montrèrent pas effrayés par le voisinage d'une armée aussi considérable. Louis XI stimulait leur bonne volonté, leur courage, par de fréquentes visites aux endroits menacés, par ses harangues familières aux défenseurs de la Bastille, aux milices bourgeoises qui montaient la garde aux portes de la ville.

« Mes amis, disait-il à ces derniers, employez-vous bien à défendre Paris, pas seulement pour l'amour de moi, mais aussi dans votre propre intérêt; si les princes rebelles entraient dans notre bonne ville, ils amèneraient leurs soldats, et la plupart de ceux-ci sont des mercenaires, des aventuriers qui feraient main basse sur vos biens, qui violenteraient vos femmes et vos filles. »

Comme les Parisiens étaient bien persuadés de cette vérité, ils faisaient bonne garde et acclamaient Louis XI dans ses inspections à travers la capitale.

Dans l'entourage du souverain, un personnage se faisait remarquer par sa belliqueuse activité. C'était Jean Balue, évêque d'Évreux. Il se plaisait à passer en revue les hommes d'armes, les miliciens, et il leur adressait d'énergiques paroles.

Cette attitude du prélat excitait l'ironie de quelques-uns des capitaines de l'armée ; l'un d'eux, le sire de Dammartin, adressa un jour cette boutade à Louis XI :

« Je supplie Votre Majesté de m'envoyer à Évreux pour ordonner des prêtres, puisque son évêque passe ici des soldats en revue. »

Suivant les circonstances, Jehan accompagnait tantôt le roi, tantôt l'évêque d'Évreux dans ses sorties à travers Paris pour inspecter les postes avancés, ou pour passer en revue les défenseurs de la capitale.

Les événements avaient encore augmenté l'ardeur guerrière du jeune homme. Il ne doutait pas de la victoire du roi et de la défaite de ses ennemis dans la prochaine bataille qui serait livrée sous les murs de Paris. Maintenant, il était très en faveur auprès de Louis XI, qui lui adressait volontiers des paroles amicales. Un jour, la bienveillance royale se manifesta par le trait suivant : Jehan était entré dans le cabinet de travail du souverain pour soumettre à sa signature des lettres, des ordonnances. Après avoir signé ces pièces, Louis XI les rendit à son jeune secrétaire, puis l'arrêta d'un geste au moment où il allait se retirer.

« Jehan, dit-il, je te porte de l'amitié, car il y a en toi de belles et vaillantes qualités; cette amitié, je veux te la prouver en te faisant un reproche que bien rarement un roi a l'occasion d'adresser à un serviteur.

— Un reproche? exclama Jehan avec surprise.

— Tu es trop discret, trop réservé, poursuivit Louis XI; ta conduite pendant la bataille de Montléry t'a donné droit à une faveur, à une récompense de ma part, et tu ne me l'as pas encore demandée.

— Sire, répliqua gravement le jeune homme, je ne désire, je n'ambitionne rien que la certitude de toujours complaire à Votre Majesté; vos paroles me prouvent que vous êtes satisfait de ma conduite, je m'estime donc largement récompensé. »

Le souverain eut un geste de satisfaction.

« Tu as le désintéressement de Jehanne Darc; après

la délivrance d'Orléans et le sacre de Reims, mon glorieux père dut faire violence à sa modestie pour qu'elle acceptât les honneurs et les privilèges que sa belle conduite lui avait mérités. »

Jehan s'inclina.

« Le roi Charles VII, votre glorieux père, a honoré notre famille avec une telle libéralité que nous n'avons plus rien à demander à Votre Majesté.

— Mais, insista Louis XI, si tu ne désires aucune faveur pour toi, peut-être as-tu quelque ami qui sollicite, qui ambitionne une grâce, un témoignage de ma protection ; et si ma supposition est vraie, parle.

— Sire, répondit vivement le jeune homme, n'avez-vous pas promis votre bienveillance à Raoul de Villebraisne, le fils du vaillant gentilhomme qui fut votre ami ? Lui aussi s'est bien comporté à Montléry. »

Le roi eut un geste d'assentiment.

« Tu fais bien de me rappeler ma promesse. Raoul de Villebraisne est digne de son père... Quelle faveur attend-il de ma bienveillance ? t'a-t-il fait quelques confidences à ce sujet ?

— Sire, vous combleriez les vœux de mon ami en lui conférant un brevet de capitaine d'une de vos compagnies d'hommes d'armes.

— Accordé, dit Louis XI ; fais libeller ce brevet, je le signerai de suite, tu le porteras toi-même à ton ami. »

Cette réponse remplit Jehan d'une grande joie, et, saisissant une des mains du roi, il la porta à ses lèvres.

« Combien Votre Majesté me rend heureux en ce moment, puisque sa bienveillance me permet de rendre service à un véritable ami ! »

Rapidement, le jeune homme fit libeller un brevet de capitaine, qui fut aussitôt revêtu de la royale signature ; et, le lendemain, il voulut l'apporter lui-même à Raoul. C'était la seconde fois qu'il se rendait à l'hôtel de la dame de Villedouin, et il se sentait heureux d'être porteur d'une bonne nouvelle.

Il trouva son ami qui tenait compagnie à sa tante et à sa sœur. Tous trois, réunis dans un des salons de l'hôtel, devisaient sur les événements du jour.

Odette était complètement guérie de sa blessure, et sur son gracieux visage apparaissaient les signes de la santé recouvrée.

De nouveau, Jehan fut reçu par ses amis avec d'affectueuses démonstrations ; puis, en remettant à Raoul son brevet de capitaine, il lui adressa ces paroles :

« Mon cher compagnon d'armes, je suis heureux de vous apporter le témoignage de cette protection que le roi vous a promise, quand nous l'avons vu ensemble pour la première fois. »

A la vue du parchemin qui lui donnait un grade régulier dans l'armée royale, le jeune seigneur de Villebraisne ressentit une sincère joie ; puis, se jetant au cou de son ami, il l'embrassa avec une fraternelle cordialité.

« Merci, dit-il, de votre intervention dans cette affaire, car je devine que vous avez éveillé la mémoire du roi à mon sujet, que vous lui avez rappelé la promesse dont il avait bien voulu m'honorer. »

Jehan sourit.

« Croyez bien que mon intervention eût été inutile si Sa Majesté ne vous tenait pas en grande estime. »

La dame de Villedouin partagea la joie de son neveu, puis, emportée par un élan spontané de sympathie, elle voulut embrasser le messager de la bonne nouvelle.

« Je suis heureuse, exclama-t-elle, que vous soyez devenu notre ami ; je vous aime déjà comme si vous étiez de notre famille. »

Odette se montra très contente de l'honneur fait à son frère. Elle gratifia Jehan d'aimables paroles de remerciement ; elle lui tendit la main avec un geste si amical, ses yeux l'enveloppèrent d'un regard si doux que le jeune homme en ressentit un grand plaisir de cœur. Quand celui-ci se fut retiré, la dame de Villedouin se prit à réfléchir ; l'excellente personne avait le cœur sentimental et l'esprit imaginatif, mettant volontiers du roman dans tous les actes de la vie courante.

Elle avait observé l'attitude d'Odette et de Jehan au cours de la visite de ce dernier.

Bientôt un sourire se montra sur ses lèvres.

« Ces deux jeunes gens, se dit-elle mentalement, paraissent déjà avoir de l'amitié l'un pour l'autre ; ils ont des qualités qui les font pareils, ils pourraient devenir deux époux bien assortis. Semblable union serait à ma convenance... Voilà une gentille affaire à laquelle j'apporterai volontiers tout mon zèle, aussitôt que la paix sera conclue. »

Hélas ! cette paix si ardemment souhaitée par l'excellente dame, — et aussi par la majorité des Parisiens, — ne semblait pas encore prochaine. Devant les murs de la capitale, Louis XI et les princes coalisés restaient dans l'expectative, s'observant, se surveillant mutuellement. Ces derniers, qui avaient des partisans, des accointances dans Paris, espéraient y pénétrer par une surprise, par une trahison, sans avoir le risque de tenter un assaut. De son côté, le roi, hanté par les péripéties de la journée de Montléry, appréhendait d'engager une grande bataille, dont le résultat pouvait être un échec : circonstance qui lui aliénerait la confiance des Parisiens. Donc, l'armée royale et l'armée féodale campaient à proximité l'une de l'autre, sans engager d'hostilités. Alors Louis XI résolut de quitter momentanément Paris pour aller querir, en Normandie, des hommes d'armes dont il avait ordonné la levée.

Il laissa au vieux comte d'Eu et à l'amiral de Montauban le commandement des troupes qui défendaient Paris. Le 10 août, il effectua son départ. La sortie lui fut facile, car la ville n'était pas entièrement investie.

Jehan et Richard accompagnèrent le souverain.

Nicolas Letordu suivait son maître. Ce voyage en Normandie apparaissait à ce dernier comme une partie de plaisir; buveur toujours altéré, de tête et d'estomac résistants, le bossu, pendant les jours passés dans la capitale, avait voulu tâter des différents vins vendus par les cabaretiers de Paris; ces expériences lui avaient procuré quelques déceptions.

Quand Richard lui eut appris qu'il le suivait en Normandie, Nicolas s'écria :

« On dit le cidre de Rouen excellent; cette boisson me reposera du vin de Paris. »

Les princes coalisés avaient établi leur quartier général à Nogent-sur-Marne; les ducs de Berry et de Bretagne habitaient le château de Beauté, vaste construction de style féodal bâtie sur la plate-forme d'un coteau dominant le cours de la Marne. Dans cette résidence, les grands vassaux révoltés tenaient de nombreux conciliabules, agitaient des plans divers pour s'emparer de Paris, pour imposer leurs exigences à

Il l'embrassa avec une fraternelle amitié.

Louis XI. Avertis du départ de celui-ci pour la Normandie, ils résolurent de profiter de son absence afin de pénétrer dans la capitale.

Le 2 août, le duc de Berry envoya à Paris quatre hérauts d'armes avec quatre lettres pour les échevins, l'Université, les gens d'Église et le Parlement, annonçant que lui et ceux de son sang étaient venus pour le

14

bien universel du royaume de France, et requérant
la ville de lui expédier des hommes notables en députation.

Cet envoi de lettres causa une grande émotion, puis
la conférence fut acceptée. Les grands corps parisiens
dépêchèrent le lendemain au château de Beauté douze
députés conduits par l'évêque de Paris. Ceux-ci, por-
tés dans des litières, sortirent par la porte Saint-
Antoine; une escorte d'hommes d'armes les accompagnait, — escorte commandée par Raoul de Villebraisne,
— la compagnie du jeune capitaine faisant partie de
l'armée de Paris. On traversa le bois de Vincennes où
campaient les soldats de l'armée féodale; ces gens
avaient mauvaise allure et des faces de francs aventuriers. Quelques-uns d'entre eux, s'étant placés sur le
bord de la route qui conduit de Vincennes à Nogent-
sur-Marne, regardèrent passer les députés de Paris, en
proférant des facéties grossières.

A l'audition de ces propos, un mouvement de colère
s'empara de Raoul.

« Ah! les vilains coquins! murmura-t-il; je comprends que les Parisiens ne tiennent pas à leur offrir
l'hospitalité. »

Le château de Beauté, comme toutes les demeures
seigneuriales de cette époque, était entouré d'un large
fossé avec pont-levis. En ce moment, le pont était
abaissé pour livrer libre accès à des officiers, des
hommes d'armes qui entraient dans le château, ou qui
en sortaient.

Une grande animation militaire régnait à cet endroit;
c'était un véritable camp avec toutes ses rumeurs

bruyantes, avec tous ses détails pittoresques; de la plate-forme sur laquelle se dressait le château, les regards plongeaient dans la vallée de la Marne, et le spectacle contemplé ne manquait pas de pittoresque. Sur les pentes verdoyantes des collines, sur les deux berges de la rivière, se montraient des tentes, des baraquements, des foyers allumés; aux arbres plantés dans le fond de la vallée étaient attachés de nombreux chevaux, et dans ce campement allait et venait une grande circulation d'hommes d'armes.

Après être entrés dans la grande cour de la féodale demeure, les députés de Paris, descendus de leurs litières, et précédés par des hérauts d'armes, gravirent un large escalier qui les conduisit à une salle où se trouvaient réunis les princes, les seigneurs coalisés et les chefs importants de leur armée.

Dans la cour du château, un grand gaillard solidement cuirassé et casqué s'agitait beaucoup, donnant des ordres répétés à des hommes d'armes qui faisaient un service d'ordre. L'allure de ce personnage attira l'attention de Raoul, qui se prit à le regarder. Une grande surprise l'envahit; il venait de reconnaître dans cet officier le capitaine Malemort.

« Ce bandit a la vie dure, murmura-t-il; je croyais bien qu'il avait été plus sérieusement endommagé à la bataille de Montléry! »

En réalité, l'aventurier s'était vite remis de ces deux blessures; et le comte de Charolais, pour le récompenser de sa conduite, lui avait octroyé le grade de capitaine dans l'armée bourguignonne. Cette faveur avait comblé de joie Malemort. Maintenant, il était une façon d'officier régulier, au lieu d'être le chef d'une troupe d'écumeurs de grands chemins.

L'aventurier n'avait pas tardé à reconnaître Raoul de Villebraisne ; monté sur un cheval fougueux, revêtu d'un habit seyant, le jeune capitaine de l'armée royale offrait une martiale prestance qui attirait l'attention.

A la vue subite de son ennemi, un éclair de haine avait allumé les yeux de Malemort ; mais la solennité de la circonstance lui interdisait toute manifestation de colère extérieure, car c'était sa compagnie d'hommes d'armes qui faisait le service d'ordre dans ce jour, où les députés de Paris venaient au château de Beauté. Ceux-ci avaient été introduits dans une grande salle où étaient rassemblés pour la circonstance les grands vassaux et les princes coalisés. Le duc de Berry, le jeune frère de Louis XI, présidait la réunion ; à côté de lui étaient assis le comte de Charolais, les ducs de Bretagne, de Nemours, de Bourbon, le comte d'Armagnac, le sire d'Albret. Derrière ces personnages de marque se tenaient de nombreux gentilshommes de renom, membres de la Ligue du Bien public. Disséminés çà et là, des hérauts d'armes, en costume luxueux, veillaient au service d'ordre.

Les députés de Paris, après avoir salué la noble assistance, s'arrêtèrent au milieu de la salle, immobiles, silencieux, les yeux fixés sur le duc de Berry. Alors celui-ci parla en ces termes à l'évêque de Paris, Guillaume Chartier, chef de la députation :

« Monseigneur,

« Je vous remercie, ainsi que les notables bourgeois de Paris, réunis autour de votre vénérable personne, de vous rendre aujourd'hui à l'appel des princes, des seigneurs, des hauts gentilshommes qui ont signé le pacte du Bien public. Nous vous avons invité à une démarche d'accommodement et de paix; vous allez entendre des propositions honorables que vous rapporterez aux Parisiens et à leur conseil, en les engageant à les accepter sans retard, et cela pour éviter cette chose, abominable calamité, qui s'appelle la guerre civile. Votre mission est haute et méritoire; nous vous demandons d'y employer tout votre bon vouloir. »

Après s'être profondément incliné, l'évêque de Paris répondit ainsi au duc de Berry :

« Je remercie Votre Altesse Royale des paroles bienveillantes qu'elle vient de nous adresser; nous sommes prêts à entendre les propositions d'accommodement que les princes et seigneurs de la Ligue du Bien public veulent faire connaître aux Parisiens, avec le désir de les voir accepter par eux. »

Alors le duc de Berry reprit :

« C'est un des plus glorieux serviteurs de la France, un des plus vaillants compagnons d'armes de mon vénéré père, le chevalier Dunois, qui va vous livrer connaissance des propositions de paix que vous devrez rapporter aux habitants de Paris. »

Un grand silence tomba dans la salle. Tous les regards se tournèrent vers un vieillard de taille moyenne, occupant un siège au-dessous de celui du duc de Berri. Il était revêtu d'une armure toute damasquinée d'or.

Ce vieillard s'appelait le glorieux Dunois; c'était le vaillant compagnon d'armes de Jehanne Darc, le dévoué serviteur de Charles VII, un des chefs de l'armée française qui avaient le plus contribué à l'expulsion des Anglais. Comment ce glorieux soldat se trouvait-il alors dans le parti des princes révoltés? Pourquoi était-il en ce jour parmi les fauteurs de la guerre civile? Froissé des procédés de Louis XI quand ce dernier monta sur le trône, Dunois avait trouvé le fils trop oublieux des services rendus à son père. Alors, mécontent, il avait adopté la cause des princes, et signé le pacte du Bien public.

Malgré son âge, le vaillant chevalier était resté d'allure vigoureuse; sa tête couronnée de cheveux blancs, coupés ras, décelait toujours l'énergie, la volonté.

Après avoir échangé un regard d'intelligence avec le duc de Berry, Dunois, s'adressant directement aux députés de Paris, commença un discours où, après avoir énuméré les torts de Louis XI envers les princes, la noblesse et le peuple, il louangeait la Ligue du Bien public et les bienfaits qui devaient en résulter pour le royaume. Au nombre de ces bienfaits était la convocation immédiate des états généraux. Enfin Dunois termina son discours par les paroles suivantes :

« Nous demandons que l'entrée dans Paris nous soit accordée, que les Parisiens remettent entre nos mains le commandement des troupes, la collation des charges de l'administration des finances, — mais tout cela à titre provisoire, — car nos glorieux princes ont là

volonté de convoquer une assemblée des états généraux, qui réparera les fautes du gouvernement et
garantira les droits et les libertés de chacun. Donc,
messieurs les députés de Paris, allez rapporter sans
retard nos propositions aux Parisiens et à leurs conseillers ; nous vous avertissons que si elles ne sont pas
acceptées d'ici trois jours, nos troupes donneront
immédiatement l'assaut à Paris. »

Très impressionnés par cette dernière menace,
l'évêque et le prévôt de Paris répondirent que les conseillers, les bourgeois notables de la capitale allaient
être convoqués à l'hôtel de ville, et que le résultat de
leurs délibérations serait transmis aux princes coalisés
avant trois jours ; puis la députation se retira.

Au moment où celle-ci quittait la cour du château,
à la vue de Raoul prenant la tête du cortège, Malemort eut un mauvais sourire.

« Comte de Villebraisne, murmura-t-il, tu es bien
fier aujourd'hui, parce que la protection royale s'étend
sur toi ; mais si le roi venait à disparaître, ton étoile
serait bien voilée ! »

Le lendemain 24 août, il y eut à l'hôtel de ville une
grande réunion de conseillers et de notables de Paris.
Ceux-ci, effrayés par les menaces, par la perspective
d'un assaut des princes, et désireux aussi d'une convocation des états généraux, délibérèrent s'ils accor-
deraient aux chefs de la Ligue du Bien public l'entrée
dans la capitale, moyennant qu'ils bailleraient caution
que nul mal ou esclandre ne serait fait par eux ou
leurs gens dans la ville.

Mais le chef de l'armée royale, le comte d'Eu,

informé de ce qui se passait à l'hôtel de ville, envoya
un message aux notables, les informant de sa volonté
personnelle de défendre Paris et du retour prochain
de Louis XI dans la capitale.

En même temps, à l'annonce des délibérations engagées à l'hôtel de ville, le menu peuple s'ameuta, avec
un instinct plus sûr que le raisonnement des notables;
il cria à la trahison, et se montra prêt à faire cause commune avec les soldats du roi contre la haute bourgeoisie qui voulait introduire dans Paris l'armée féodale.

Enfin, la lecture d'une lettre de Louis XI promettant
son retour sous trois jours à la tête d'une nouvelle
armée, et l'entrée de l'amiral de Montauban dans la
cité avec « grande quantité de gens de guerre », décidèrent la question en faveur de la résistance.

L'assemblée de l'hôtel de ville revint sur ses délibérations, et arrêta de ne rien conclure sans l'aveu du
souverain.

Le 28 août, celui-ci rentra dans Paris, amenant avec
lui deux mille hommes d'armes, l'arrière-ban des francs
archers de Normandie et un grand convoi de vivres et
de munitions. Alors, la population fit à Louis XI un
chaleureux accueil, et les princes coalisés n'osèrent
pas tenter l'assaut de la capitale.

XIV

Raoul de Villebraisne avait été désagréablement surpris en retrouvant Malemort au château de Beauté; n'avait-il pas vu celui-ci tomber sur le champ de bataille de Montléry, atteint de deux blessures sérieuses ?

« Bah ! réfléchit le jeune gentilhomme, les coquins de ce genre ont la vie plus durement chevillée au corps que les honnêtes gens. »

Il s'était bien gardé de laisser paraître cet étonnement; il avait affecté même de ne pas reconnaître l'aventurier, ne prêtant nulle attention aux regards haineux que ce dernier lui envoyait.

Cependant Raoul résolut d'avertir Jehan et Richard que leur ennemi commun était encore de ce monde, certainement avec la ferme volonté de leur faire un mauvais parti ou de leur tendre une vilaine embûche, si l'occasion s'en présentait. Aussitôt que ses deux amis furent rentrés à Paris avec le roi, il se rendit au palais des Tournelles où il savait rencontrer Jehan. Celui-ci, heureux de revoir le jeune officier, l'accueillit avec de chaleureuses démonstrations; il lui apprit différentes circonstances du voyage exécuté en Normandie : l'activité déployée par le roi pour réunir un nouveau contingent d'hommes d'armes destinés à renforcer la garnison de Paris, les efforts faits pour rassembler les convois de vivres ramenés dans la capitale.

« Notre bien-aimé roi, ajouta Jehan, est content de mon zèle, de mon empressement; et il me témoigne sa satisfaction par de bienveillantes paroles. »

Ces détails donnés, le jeune homme demanda des nouvelles d'Odette de Villebraisne et de la dame de Villedouin. Raoul répliqua que sa tante et sa sœur exprimaient le désir de revoir le plus tôt possible celui qui était pour elles un fervent ami; puis il raconta la mission dont il avait été précédemment chargé : la conduite au château de Beauté des députés de Paris.

« Oui, je sais, interrompit Jehan : les députés de Paris, impressionnés par un discours du chevalier Dunois, avaient communiqué leur frayeur aux notables de la capitale, celle-ci a été sur le point d'être livrée; mais le roi, avisé aussitôt de toutes ces menées, s'est empressé de revenir à Paris.

— Au château de Beauté, savez-vous qui j'ai retrouvé? » poursuivit Raoul.

Jehan eut un geste interrogatif.

« Eh bien! j'ai revu ce sacripant de Malemort, remis des blessures reçues à Montléry, commandant une compagnie d'hommes d'armes réguliers. Le comte de Charolais lui a octroyé un brevet de capitaine; je crois prudent de vous avertir que ce bandit est encore de ce monde, gardant toujours les sentiments les plus hostiles à notre égard. »

Jehan sourit.

« Ce misérable est trop loin de moi pour que je m'en préoccupe ; mais si le hasard nous remet en présence, eh bien, il renouvellera connaissance avec la pointe de ma dague ou de mon épée. »

En ce moment, Richard, accompagné de Nicolas Letordu, fit son entrée dans la pièce où les deux jeunes gens poursuivaient leur entretien. Le vieil archer et son écuyer ne semblaient pas fatigués par le voyage exécuté en Normandie, à la suite du roi ; tous deux gardaient une vaillante allure et un visage réjoui. Raoul répéta à Richard une partie des propos qu'il avait tenus à Jehan, sans omettre sa rencontre avec Malemort.

A cette nouvelle, la physionomie du vieil archer se rembrunit.

« C'est un malheur, exclama-t-il, que ce sacripant n'ait pas été occis à Montléry ; il nous a voué à tous une haine mortelle, tenons-nous respectivement sur nos gardes ! »

Jehan et Richard eurent un geste de protestation.

« Ce misérable est lâche ; déjà il lui en a cuit de se frotter à nous, il ne recommencera plus l'épreuve.

— Je vous concède, répondit Richard, que ce sacripant est lâche ; mais il est également perfide, traître, et je gage que s'il a fait agréer ses services par les princes rebelles, c'est que ceux-ci savent que le personnage est prêt à tous les mauvais coups, à toutes les sinistres besognes. Bien certainement, Malemort doit être au nombre des espions qui se glissent journellement dans Paris pour exciter les habitants à la révolte contre l'autorité du roi.

— Cela est la vérité, se permit de dire alors Nicolas Letordu. Les espions, les émissaires des princes révoltés abondent en ce moment sur le pavé de Paris ; ils réussissent à tromper la surveillance des avant-postes, ils se promènent à travers la ville sans prendre trop la peine de se cacher ou de se déguiser. Donc, si je viens à rencontrer le capitaine Malemort, je vous promets de lui régler son compte.

— Et tu feras ainsi de la bonne besogne, » conclut le vieil archer.

Le lendemain, Jehan se rendit à l'hôtel de Villedouin ; la tante et la nièce, qu'il n'avait pas vues depuis quelque temps, lui firent un accueil affectueux. Les deux femmes se montrèrent alarmées de la présence de Malemort dans l'armée féodale ; le hasard d'un combat aux avant-postes pouvait amener une rencontre de Raoul et de Jehan avec ce bandit; n'aurait-il pas recours à la perfidie, à la traîtrise pour se venger de ses ennemis ?

« Veillez bien sur vous, entourez-vous de précautions, dit avec sollicitude la dame de Villedouin ; s'il arrivait malheur à Raoul et à vous, j'en ressentirais un mortel chagrin. Il paraît que cet homme abominable est capable de tous les méfaits. »

Jehan eut un geste rassurant.

« Nous soupçonnons que ce misérable doit aujourd'hui s'employer plutôt à l'espionnage qu'au service militaire, et cela pour le compte des princes rebelles.

S'il est découvert par l'un de nous dans l'exercice de cette vilaine besogne, c'est la pendaison immédiate qui l'attend. »

À son tour Odette unit ses recommandations à la dame de Villedouin.

« Puisque ce méchant homme, dit-elle, n'a pas succombé à la bataille de Montléry, tenez-vous sur vos gardes ; n'oubliez pas que vous êtes un ami que nous aimons. »

Jehan se retira très satisfait de l'hôtel de Villedouin. Maintenant il avait la certitude qu'il inspirait une gentille amitié à Odette ; et cette conviction lui mettait de la joie au cœur, car il s'avouait qu'il professait pour la jeune fille une pareille amitié.

Depuis la rentrée du roi dans Paris, l'armée royale et l'armée féodale gardaient toujours l'expectative, aucun choc ne s'étant encore produit. La vérité est que Louis XI préférait temporiser, espérant un hasard, un désaccord avec ses ennemis qui dénouerait la situation à son profit. Il continuait de se montrer beaucoup aux Parisiens pour entretenir chez eux le sentiment de la résistance. Fréquemment suivi d'une escorte de cavaliers, il sortait par une des portes de la ville pour aller inspecter les avant-postes sur les bords de la Seine. Il lui arrivait de faire halte sur le quai de Bercy, dans une masure momentanément abandonnée par son propriétaire. C'était une pauvre bâtisse, une sorte de bicoque à un étage sur rez-de-chaussée, se dressant à quelque distance du chemin de halage. Tandis que son escorte l'attendait au dehors, Louis XI recevait dans ce modeste réduit des émissaires, des espions, des officiers douteux de l'armée féodale. Attentivement, il écoutait les uns et les autres : à ceux-ci, il donnait des instructions et de l'argent; à ceux-là, il faisait de belles promesses, réalisables à la conclusion de la paix. Dans ces colloques secrets, le souverain avait maintes occasions de déployer les finesses, les ruses de son esprit; puis, ce travail achevé, il remontait à cheval pour rentrer dans Paris. De leur côté, les princes coalisés pratiquaient de pareilles manœuvres; ils dépêchaient dans la capitale des émissaires, des espions qui s'y introduisaient à la faveur de déguisements divers. Leur mission était de détacher les Parisiens de la cause du roi, de leur conseiller l'abandon d'une porte de l'enceinte fortifiée. Malemort était au nombre de ces espions; sa bassesse s'accommodait bien de cette besogne. Impunément, avec une grande adresse, il réussissait à franchir les avant-postes, à pénétrer dans Paris et en ressortir sans être inquiété. Aussi l'aventurier avait-il toujours échappé à la poursuite, à l'atteinte de Nicolas Letordu, qui le recherchait avec l'ardeur d'un chien limier.

« As-tu réussi à découvrir cet abominable Malemort? lui demandait quotidiennement Richard.

— Pas encore, lui répondait avec désappointement le bossu; mais je ne désespère pas encore de découvrir ce sacripant. Dans mes courses à travers Paris, soigneusement j'inspecte, je dévisage les paysans, les maraîchers que je rencontre, car j'ai remarqué que les espions des princes choisissent volontiers cet accoutrement.

— Pourchasse ce bandit, répétait le vieil archer ; certainement il réussit à entrer dans Paris, en quête d'une vilaine besogne à manigancer ! »

Dans ses allées et venues à travers la ville, Nicolas Letordu faisait des haltes fréquentes chez les cabaretiers pour se désaltérer, et, aussi, pour comparer les différentes qualités de vins débités par les marchands de boissons.

Pendant un après-midi de la fin de septembre, chez un cabaretier de la rue Saint-Paul, il s'était attablé pour déguster une bouteille pleine d'un vin d'agréable couleur. Autour, dans la salle de cet endroit, s'alignaient des tables occupées par des clients échangeant entre eux des propos divers. Pendant que Nicolas vidait sa bouteille, trois hommes, avec l'apparence des paysans des environs de Paris, entrèrent dans l'établissement et prirent place à une table voisine de la sienne.

A la vue de ces nouveaux consommateurs, le bossu eut un sursaut d'étonnement ; il venait de reconnaître Malemort, malgré les vêtements rustiques dont il était affublé : c'était bien son visage aux traits abominables, aux yeux cyniques, à la barbe rousse et courte.

De suite, Nicolas combina un plan d'agression.

« Je ne veux pas, murmura-t-il, attaquer ce sacripant dans cette salle, au milieu des buveurs qui nous entourent ; peut-être prendraient-ils sa défense ! Je vais attendre sa sortie ; une fois dehors, je fonce sur lui, sans m'inquiéter des deux acolytes qui l'accompagnent. »

Malemort n'avait pas remarqué le bossu, bien qu'il

fût assis à côté de lui, car il était tout adonné à un entretien avec ses compagnons. Les trois hommes échangeaient à demi-voix des propos qui semblaient grandement les intéresser.

Une subite curiosité envahit Nicolas.

Je suis sûr, pensa-t-il, que ces trois sacripants combinent quelque mauvais coup ; tâchons de savoir.

Insensiblement, il se rapprocha du trio ; et, arrondissant les bras sur la table, il y coucha sa tête, dans l'attitude d'un buveur pris de sommeil.

Alors les paroles suivantes, plutôt murmurées que proférées, arrivèrent à ses oreilles.

« Demain, sur le quai de Bercy, dans la masure où le roi a coutume de s'arrêter, nous organisons la chose avant son arrivée, et nous aurons ensuite le temps de repasser la Seine.

— Bien combiné, » répondit un des compagnons du bandit.

Puis, les trois hommes ayant encore abaissé l'accent de leur voix, le bossu n'entendit plus rien. Un soupçon hanta son esprit.

Ces coquins me semblent méditer un mauvais coup contre le roi, pensa-t-il.

Bientôt Malemort et ses deux acolytes quittèrent la salle. Aussitôt Nicolas sortit à son tour pour s'élancer sur leurs pas, il regarda dans la rue ; le trio avait complètement disparu ; il s'était certainement jeté dans une des ruelles qui coupent la rue Saint-Paul.

« Imbécile que je suis ! exclama-t-il avec colère ; avoir laissé échapper ce bandit quand il était à portée de ma dague ! C'est sûr, il médite une mauvaise machi-

nation contre notre vénéré roi, ceci est grave! Allons
avertir messire Jehan Darc et Richard. »

Sans retard, le bossu se rendit au palais des Tournelles; il rapporta sa rencontre avec Malemort et les
propos de celui-ci; sa révélation émut profondément
Jehan.

« Certainement, ce misérable prépare un attentat
contre le roi.

— Le bandit est bien capable de cette sinistre
besogne, ajouta Richard ; maintenant que nous
sommes avertis de ses intentions, nous allons y mettre
obstacle. »

Jehan eut un geste de résolution.

15

« Inutile d'alarmer le roi... Demain, avant son
départ, nous nous rendrons sur le quai de Bercy ; nous
fouillerons ces parages, nous garderons la maison iso-
lée où le roi a l'habitude de s'arrêter.

— En cet endroit, conclut Nicolas, nous devons rencontrer le sacripant et ses acolytes, et, cette fois, je ne
le laisserai pas s'évader ! »

En effet, le lendemain, Jehan, accompagné de
Richard, de Nicolas et de deux cavaliers, sortit du
palais des Tournelles pour se rendre sur le quai de
Bercy ; après avoir franchi la porte Saint-Bernard et
longé les bords de la Seine, la petite troupe arriva sur
le quai de Bercy. La masure abandonnée où le roi
avait coutume de faire halte se dressait sur un terrain
vague, non loin du chemin de halage. En ce moment
de la journée, l'endroit était solitaire ; de l'autre côté
du fleuve, on apercevait des bivouacs d'avant-postes.
A quelques pas de la masure, Richard dit à ses compagnons :

« Mettons pied à terre ici, et allons reconnaître si
ce pauvre logis est déjà occupé. »

Tout le monde descendit de cheval. Nicolas Letordu,
qui marchait en tête, vint coller une oreille attentive
à la porte close du rez-de-chaussée.

« J'entends des voix, murmura-t-il à ses compagnons ; il y a de la compagnie, montrons-nous. »

Enfonçant la porte d'un violent coup de genou, le
bossu, suivi des siens, pénétra dans une sorte de salle
basse où se tenaient Malemort et ses deux complices,
vêtus, comme ils l'étaient la veille, d'habits de
paysans.

« Ah! misérable, exclama Nicolas, enfin je te rencontre, et je te tiens. »

Et il jeta ses deux vigoureuses mains autour du cou de l'aventurier, avant que celui-ci eût eu le temps de se mettre en état de défense.

Les deux acolytes de ce dernier, appréhendant la scène qui allait se passer, s'évadèrent par la porte demeurée ouverte.

S'adressant à ses compagnons, le bossu ajouta :

« Aidez-moi à mettre ce bandit en état d'impuissance! »

Jehan et Richard, avisant dans un coin de la pièce un paquet de cordes, s'employèrent à lier, à garrotter Malemort, qui se démenait vainement pour échapper aux étreintes de ses adversaires.

« Abominable coquin, ricanait Richard, je t'avais bien averti de ne jamais te trouver sur notre chemin. »

L'aventurier eut une invective rageuse à son adresse :

« Imbécile que je suis de m'être laissé prendre. »

Nicolas avait tiré sa dague du fourreau.

« Je me réserve le plaisir d'envoyer ta vilaine âme dans l'autre monde. »

Alors Jehan intervint :

« Avant de châtier ce misérable, sachons le motif de sa présence dans cette maison où vient le roi. »

Richard, qui inspectait curieusement tous les recoins de la pièce, poussa une exclamation de surprise terrifiée.

« Jehan, regardez! »

Et le vieil archer désigna au jeune homme un petit tonneau dont la partie supérieure était défoncée et rempli de poudre noire.

« Eh bien! demanda celui-ci qui ne comprenait pas encore, qu'est-ce que cela?

— Cette poudre est de la poudre de guerre; ce bandit voulait faire sauter la maison dès que le roi y serait venu, et l'ensevelir sous les décombres. »

Puis, avisant sur une table une longue mèche de chanvre enduite de suif:

« Je ne me trompe pas dans ma supposition, car voilà la mèche qui, allumée et placée à côté du tonneau, devait provoquer l'explosion. »

Cette découverte remplit Jehan de stupéfaction; puis, s'approchant de Malemort qui, garrotté, gisait sur le sol :

« Est-il vrai, misérable, que tu as projeté de faire périr le roi par une mort aussi horrible? »

Voyant qu'il n'avait aucune pitié à attendre des trois hommes, Malemort jeta ces paroles cyniques :

« Eh bien, oui! j'ai eu ce dessein; je me suis dévoué à la cause des princes, au triomphe de la Ligue du Bien public. Louis XI est l'obstacle, j'ai voulu sa mort.

— Les princes rebelles t'ont-ils conseillé cette horrible action? insista Jehan.

— Non; mais après mon exploit, ils m'auraient accordé de l'argent, des honneurs.

— Abominable sacripant! cet aveu te condamne irrémédiablement, » cria Nicolas en brandissant sa dague.

Au moment où il allait frapper Malemort, Richard arrêta le bras du bossu.

« La peine du talion doit être appliquée à ce misérable; il va subir la mort qu'il réservait au roi. »

Alors un lugubre silence tomba dans la pièce; le

vieil archer, ayant battu un briquet, alluma une extrémité de la mèche de chanvre et la plaça à portée du
tonneau de poudre. Anxieusement, Jehan et Nicolas
observaient cette manœuvre de Richard.

Alors celui-ci dit à ses compagnons :

« Dans quelques instants cette mèche va incendier
la poudre contenue dans le tonneau, et le misérable
sera châtié comme il le mérite... Maintenant, partons. »

Alors Jehan s'approcha de Malemort :

« Bandit ! cria-t-il, ton père est mort misérablement
parce qu'il avait capturé et livré aux Anglais Jehanne
la Glorieuse; toi, tu vas mourir de façon plus misérable, parce que tu as voulu attenter aux jours du roi
de France : le châtiment vient toujours. »

Précipitamment, les trois hommes sortirent de la
masure pour rentrer dans Paris, et Malemort, demeuré
seul, impuissant à se dégager des liens qui le garrot-
taient, se tordait sur le sol, les yeux dilatés par la ter-
reur, la bouche pleine d'imprécations.

.   .   .   .

Jehan et ses compagnons étaient déjà parvenus dans
le milieu de la rue Saint-Jacques, quand ils aperçurent,
à quelque distance, le roi qui, suivi de son escorte
habituelle, venait dans le sens opposé pour se rendre
vers la masure du quai de Bercy.

Le jeune homme précipita son cheval au-devant du
souverain.

« Sire ! cria-t-il d'une voix émue, n'allez pas plus
loin, il y va du salut de votre vie. »

Louis XI eut un geste d'interrogation.

« Sachez, continua Jehan, qu'un misérable avait prémédité un abominable attentat contre la vie de Votre Majesté : un tonneau rempli de poudre avait été placé dans la maison du quai de Bercy; l'explosion de cet engin devait vous ensevelir sous les décombres. Un heureux hasard nous a permis de connaître à temps ce complot, de le déjouer et de châtier son auteur. »

A peine le jeune homme avait-il fini de proférer ces paroles, qu'une formidable explosion déchira l'air, et de fulgurantes étincelles suivies d'un gros nuage de fumée montèrent dans le ciel.

« Sire, acheva Jehan, cette explosion annonce la destruction de la maison où le misérable avait préparé son guet-apens. »

Alors une grande émotion apparut sur le visage de Louis XI.

« Horrible ! » murmura-t-il; puis, en silence, il rebroussa chemin.

.   .   .   .

Les jours qui suivirent cet événement, Jehan remar-qua une grande préoccupation chez Louis XI; il avait le visage plus sévère, plus soucieux que de coutume. La vérité était que cet attentat contre sa vie l'avait alarmé; et il appréhendait le renouvellement d'une semblable tentative. Puis, divers symptômes lui démontraient que les Parisiens commençaient à être las du siège de la capitale et de la présence de l'armée féodale. Le souverain, plein de perplexités, n'osait engager la lutte décisive qui aurait dénoué la situation; dans cette rencontre avec les princes, il pouvait être battu. Et, réfléchissant à cette éventualité, il se disait :

« Si j'éprouvais une défaite, ma cause serait perdue, les Parisiens n'aiment pas les rois vaincus ; ils ouvriraient aux princes les portes de la capitale ; je n'aurais plus qu'à me réfugier en Italie, à Milan, chez mon grand ami, le duc François Sforza. »

Pendant la matinée du 28 septembre, Jehan, étant entré dans le cabinet du roi pour lui demander une signature, observa que celui-ci était en proie à une extraordinaire agitation ; des paroles entrecoupées tombaient de ses lèvres ; et sa main crispait rageusement une lettre ouverte. Inquiet de cette attitude du souverain, Jehan hasarda à demander :

« Votre Majesté aurait-elle un sujet subit d'alarme ou de mécontentement? »

Louis XI eut un geste de colère.

« Rouen, s'écria-t-il d'une voix violente, vient de se déclarer pour la cause des princes ; hier, la ville a ouvert ses portes au duc de Bourbon ; c'est la Normandie perdue, quelle fatalité pour ma cause! »

Le fait était exact ; l'évêque de Bayeux, dévoué aux grands vassaux révoltés, avait persuadé Mme de Brézé, — la veuve du grand sénéchal de Normandie, — que le roi, à la bataille de Montléry, avait fait tuer son mari par traîtrise. C'était une indigne calomnie ; mais la dame de Brézé, crédule et désireuse de venger la mort de son époux, avec le concours de plusieurs officiers, avait favorisé l'entrée du duc de Bourbon dans la ville et dans le château.

« Oui, répétait Louis XI avec colère, c'est la Normandie perdue, car toutes les cités normandes vont suivre l'exemple de Rouen. »

En ce moment, l'officier de la garde écossaise qui était de service entra dans le cabinet du roi.

« Sire, dit-il, un courrier vient d'arriver de Milan, porteur d'une lettre de Mgr le duc François de Sforza, que voici. »

Un éclair de joie apparut sur le visage soucieux du roi.

« Donne-moi vite ce message. »

L'officier tendit au souverain une grande lettre soigneusement scellée, cachetée, puis sortit après s'être profondément incliné. Jehan, silencieux, s'était retiré dans un angle de la pièce.

En brisant le sceau de la lettre, Louis XI murmurait :

« Certainement, le duc Sforza, de Milan, m'envoie un sage avis, un bon conseil; c'est un ami dévoué, un allié fidèle; il connaît bien ma situation et l'état de la France. »

Puis, s'approchant d'une fenêtre, il prit connaissance du message. La lecture terminée, en proie aux réflexions que lui suggérait la lettre de son allié, un nouveau flux de paroles s'échappa des lèvres du souverain.

« Oui, le duc de Milan juge bien ma position présente vis-à-vis des princes coalisés et des gens de la ligue du Bien public...

« — Pliez plutôt que de rompre, m'écrit-il; négo-
« ciez plutôt que de combattre; ne refusez nulle chose
« qu'on vous demande, pourvu que vous sépariez cette
« compagnie du Bien public... » Il a raison, cet homme habile; je dois négocier, essayer d'obtenir la paix, accorder les concessions réclamées, m'humilier enfin !

Mon salut, celui de la France, sont à cette condition ; ma soumission apparente est le seul moyen de dissoudre la ligue... Aujourd'hui ces gens sont plus forts que moi. Je vais demander au comte de Charolais une entrevue, un entretien aux avant-postes ; il viendra, ma démarche flattera son orgueil. »

Après s'être assis devant sa table de travail, rapidement le roi écrivit quelques lignes sur une feuille de vélin... c'était la lettre destinée au chef de l'armée bourguignonne. Relevant la tête, il aperçut Jehan, immobile, silencieux dans un coin de la pièce. Le souverain alla vers lui, le sourcil froncé, l'œil dur.

« Pourquoi es-tu ici? Tu as entendu mes paroles?

— Sire, répliqua le jeune homme, vous ne m'avez pas commandé de me retirer ; mais je n'ai rien pu entendre. »

Louis XI eut un geste expressif.

« Oublie les paroles qui me sont échappées. Voici un message pour le comte de Charolais ; fais-le porter de suite aux avant-postes par un de mes officiers. »

Le lendemain, le roi, suivi d'une escorte dont faisaient partie Jehan et Richard, après être sorti de Paris par la porte de Charenton, franchit la Seine et se rendit à un endroit désigné, au delà des avant-postes français. Le comte de Charolais y avait devancé le souverain : la demande d'entretien formulée par celui-ci flattait son orgueil ; mais il venait aussi à ce rendez-vous avec une pensée de conciliation. Il ne s'entendait pas avec les ducs de Berry et de Bretagne, d'humeur différente de la sienne ; enfin, les Flandres et la ville de Liège, — apanages du duché de Bourgogne, —

donnaient signe d'une prochaine révolte. Toutes ces circonstances rendaient le comte de Charolais désireux d'un prompt accommodement.

Le roi alla vers lui, disant d'un ton aimable :

« Mon frère, je connais que vous êtes gentilhomme de la maison de France ; nous pouvons avoir un entretien utile à tous. »

Sans descendre de cheval, ils se mirent à causer des conditions possibles de la paix ; le chef de l'armée bourguignonne, pour lui et pour ses alliés, demandait des avantages importants. Louis XI, résolu de céder, ne les discutait que pour la forme. Pendant un espace de temps, les deux princes s'entretinrent ainsi. Absorbés par leur conversation, ils avançaient devant eux sans regarder où ils allaient. Puis, ils entrèrent dans un grand boulevard de terre et de bois que le roi avait fait construire en avant de la ville. Le comte de Charolais, qui n'avait emmené avec lui que quatre ou cinq cavaliers, fut bien ébahi quand il s'aperçut en quel endroit il se trouvait. Il était entièrement aux mains de Louis XI, qui, alors, pouvait le retenir prisonnier et lui dicter ses conditions. Le chef de l'armée bourguignonne pâlit en se voyant à la merci de son adversaire, mais il fit bonne contenance ; le roi, devinant son appréhension, sourit :

« Mon frère, lui dit-il, nous reprendrons bientôt cet entretien ; rebroussez chemin : les vôtres doivent être inquiets à votre sujet. »

La physionomie du comte de Charolais s'éclaira ; le procédé du souverain lui allait au cœur :

« Sire, exclama-t-il, en effet, je retourne vers mes

alliés; et je saurai bien les obliger à la paix que nous désirons tous les deux. »

Louis XI reprit le chemin de Paris; et, comme Jehan se rapprochait de lui avec des yeux interrogateurs, il dit à demi-voix au jeune homme :

« La paix est prochaine; le duc Sforza, de Milan, m'a donné un bon conseil.

— Sire, répliqua gravement le neveu de Jehanne Darc, vous êtes un vaillant chef, un négociateur habile; vous avez toutes les vertus d'un vrai roi. »

Le roi hocha la tête en murmurant :

« L'avenir me jugera! »

ÉPILOGUE

Le comte de Charolais tint la parole faite à Louis XI dans leur précédent entretien ; il décida ses alliés à la paix, et le traité de Saint-Maur, — octobre 1465, — mit fin à la guerre.

Le traité de Saint-Maur était onéreux pour la couronne, car il attribuait de grands avantages aux princes coalisés. Pressé par les circonstances, le roi consentit à le signer, mais avec l'arrière-pensée d'en éluder les plus importantes conditions. En effet, quelques mois plus tard le Parlement de Paris déclara que, le roi ayant outrepassé ses pouvoirs, la plupart des clauses du traité de Saint-Maur étaient sans effet. Le souverain, cette fois, s'inclina devant la décision de son Parlement. Dans l'intervalle, la ligue du Bien public s'était dissoute ; l'armée féodale avait été licenciée, et le comte de Charolais, occupé par une rébellion de la ville de Liège, ne put recommencer la guerre. Lors de la conclusion de la paix, Jehan demanda au roi la permission d'aller à Orléans pour revoir et embrasser son père ; permission que le souverain lui octroya avec de bienveillantes paroles.

Pierre Darc revit son fils avec des larmes de joie.

« Tu as bien fait, lui dit-il, d'avoir obéi à la dernière volonté exprimée par Jehanne la Glorieuse ; ta conduite a augmenté l'honneur de notre nom. »

Quelques semaines plus tard, Raoul de Villebraisne vint au château de Baigneau pour rendre visite à son ami. Il venait aussi chargé d'une mission par la dame de Villedouin. Cette excellente personne était grandement désireuse d'un mariage entre Jehan et Odette ; elle avait à nouveau remarqué que les deux jeunes gens, — sans jamais s'en être fait l'aveu, — avaient une belle amitié l'un pour l'autre.

Pareille perspective d'union plaisait également fort à Raoul. Dès sa venue au château de Baigneau, il fit confidence à Jehan de ce projet. Celui-ci, avec une grande joie, accueillit la confidence.

« Je porte une profonde amitié à Mlle de Villebraisne, exclama-t-il ; si elle daignait m'accepter pour époux, son choix ferait le bonheur de toute ma vie. »

Raoul sourit.

« Ce projet d'union nous plaît à tous ; il peut devenir une réalité si votre père, le chevalier du Lys, partage nos sentiments. »

Alors le frère d'Odette raconta à Pierre Darc ce projet de mariage, lui demandant d'y consentir. Le vieux gentilhomme accueillit, lui aussi, avec une grande joie la perspective d'une union qui plaisait à son fils et qui le faisait entrer dans une noble famille de France.

« De grand cœur, répondit-il, je donne mon consentement à un mariage qui unit mon fils à la fille d'un vaillant chevalier comme le comte de Villebraisne, dont je m'honore d'avoir été l'ami. »

Quelques mois plus tard, avec une grande pompe,

le mariage de Jehan et d'Odette fut célébré à Paris ;
et Louis XI fit, dans cette circonstance, preuve d'une
belle libéralité envers les deux jeunes époux.

Pierre Darc ne jouit pas longtemps de la vue du
bonheur de ses enfants, car il mourut au château de
Baigneau en 1468.

Pendant de longues années, Jehan vécut toujours
heureux par l'affection de sa chère femme, et il
demeura toujours en faveur auprès du roi, faveur dont
il n'usait que très discrètement.

Dans les derniers temps de son existence, le neveu
de Jehanne Darc quitta l'Orléanais pour aller résider
à Arras. Il fut nommé échevin de cette ville et il y
termina ces jours vers 1505.

Après la fin de la guerre, l'archer Richard, toujours
accompagné de son fidèle écuyer Nicolas Letordu,
revint visiter, au château de Baigneau, Pierre Darc. Les
deux anciens compagnons d'armes furent heureux de
se retrouver encore une fois pour causer ensemble des
événements d'un glorieux passé ; puis Richard retourna
dans le pays lorrain, au village de Coussy, où il mourut après avoir atteint une vieillesse avancée.

FIN

TABLE

9 782013 542425